Gebrüder Kornmayer · Heiko Vanselow · Olaf Plotke

Die Pilgerküche auf dem Jakobsweg

Rezepte zum Kochen & Genießen
auf dem Camino de Santiago

VERLAG GEBRÜDER KORNMAYER

http://www.kornmayer-verlag.de
ISBN 978-3-938173-54-1
2. Auflage
1. Auflage 2008
Autoren: Heiko Vanselow, Olaf Plotke,
Christoph Kornmayer, Evert Kornmayer
Satz/Layout: Gebrüder Kornmayer
Fotografien: Heiko Vanselow
Alle Fotografien in diesem Buch wurden
auf dem Jakobsweg aufgenommen.
Lektorat: Angelika Radloff

Deutsche Bibliothek – CIP-Einheitsaufnahme.
Ein Titelsatz dieser Publikation ist bei der
Deutschen Bibliothek (Frankfurt) erhältlich.

Die Pilgerküche auf dem Jakobsweg

IVARIS

9 KM
BAR
ANÎMO

Inhalt

Wer Gutes will ...

Ich bin in meinem Leben viel „rumgekommen“, wie man so schön sagt. Aber ich habe noch nie ein Land so tief erfahren wie Spanien auf dieser Pilgerreise. Ich habe mir dieses Land, seine Menschen und seine Genüsse erwandert.

Ich bin auch angekommen. Nicht nur in Santiago de Compostella, sondern auch bei mir.
Da geht es mir so wie vielen Pilgern vor mir und nach mir.

Der Jakobsweg ist für viele Menschen ein Wendepunkt. Ich glaube, er bietet Menschen die erste Gelegenheit, zur Ruhe, nein, besser – zur Besinnung zu kommen. Denn in den vielen Stunden, die man unterwegs ist, ist man oft mit sich allein. Es ist in unserer hektischen Welt ja gar nicht mehr so einfach, einfach mal allein zu sein.

Gesellschaft ist billig zu haben. Man gehe in eine x-beliebige Kneipe – da bekommt man sie zum Bier serviert. Aber wann und wo kann man schon mal allein sein? Allein, meine ich, nicht einsam!

Diese Auf-sich-Geworfenheit auf dem Jakobsweg führt fast schon zwangsläufig zu einer Reflexion über die verschiedensten Seiten des eigenen Lebens. Und so habe ich mir eben nicht nur dieses Land, sondern auch meine eigene Seelenlandschaft erwandert.

Man will aber nicht immer nur auf sich gestellt sein – man ist ja kein Einsiedler. „Allein zu essen ist für einen philosophierenden Geist ungesund“, sagt Immanuel Kant. Der Philosoph und Feinschmecker wusste, wovon er sprach. Er verbrachte viele Stunden in seinem Denker-Exil. Aber wenn das Essen aufgetragen wurde, suchte er Gesellschaft.

Ich habe erfahren, dass es den Pilgern genauso geht. Wenn man nach Stunden der Wanderung in einem Ort ankommt, ist man durstig nach Wein und hungrig nach Kommunikation.
Und gute Gesellschaft veredelt mir jede Mahlzeit.

Wenn ich sagen würde, ich habe auf meiner Wanderung gut gegessen, wäre es untertrieben. Ich habe selten so viele so gute Gerichte gegessen. In den einfachsten Tavernen habe ich gegessen wie ein König, auch wenn es nur Kartoffeln gab. Es waren die Frische der Zutaten und ihre raffinierte Zubereitung, die mich so überwältigt haben.
Beim Essen habe ich wenig Kompromisse gemacht. Wer Gutes will, muss auch Gutes essen, ist mein Wahlspruch. Und das hat mich in den Restaurants am Wegesrand in Spanien so fasziniert: Die Speisen waren immer von erlesener Qualität und die Aromen einfach eine Offenbarung.
Ein selbst gemachtes Olivenöl, in das ich ein Stück frisches Weißbrot tunkte, konnte mich beinahe um den Verstand bringen. Was sich da auf meinem Gaumen abspielte, ist unbeschreiblich.
In diesem Buch finden sich einige der besten Rezepte, die man entlang des Jakobswegs sammeln kann. Sie schmecken aber nur authentisch, wenn man dazu auch die frischesten und besten Zutaten wählt. Wer da zum schlechten Olivenöl greift, darf sich nicht wundern, wenn es langweilig schmeckt.

Was ich immer ahnte, habe ich auf dem Jakobsweg mit Gewissheit erfahren: Man darf nicht zu viele Kompromisse machen: nicht im eigenen Leben, nicht beim Essen und nicht beim Trinken.
Den Jakobsweg bin ich mittlerweile dreimal auf unterschiedlichen Routen gelaufen – und ich möchte es noch öfter tun. Nicht aus religiöser Berufung heraus, sondern weil es viel zu entdecken gibt: die Menschen, die Landschaften, die Küche und mich selbst.

Heiko Vanselow

Unterwegs auf dem Camino de Santiago

Auf dem Camino Francés Richtung Burgos

Die Pilger

Es gibt sie gar nicht, die Pilger, von denen alle immerzu sprechen. Es ist ein sehr unzureichender Oberbegriff für die Menschen, die sich auf dem Jakobsweg befinden. Pilger sind ja eigentlich die gläubigen Wanderer. Erstaunlich aber ist, dass der Jakobsweg längst auch von vielen anderen Menschen entdeckt wurde, die ihn mit ganz unterschiedlichen Motivationen beschreiten.

Da gibt es die „Lifestyler", Menschen, die diese Tour aus Freude unternehmen. Sie pilgern, weil das Pilgern „in" ist. Für sie ist der Jakobsweg ein exotisches Reiseziel. Ich habe aber erlebt, dass sie durchaus mit der Hoffnung anreisen, eine Einsicht zu gewinnen. Wenn das Wandern zu arg wird, nehmen sie den Bus. Ich glaube, dass sie letztlich nur eins gewinnen: das Etikett, auf dem Jakobsweg gewesen zu sein und damit im Kreise der Freunde und Geschäftspartner prahlen zu können. So, wie sie mit ihrem letzten Marathonlauf glänzen. Highway zur Erkenntnis.

Es gibt die Geschäftsleute mit „Burn out-Syndrom", die hoffen, einen neuen Sinn im Leben zu finden. Sie sind nicht von dem Glauben an Gott geleitet, sondern von dem Glauben, der Weg könne sie verändern. Sie sehnen sich nach Ruhe und seelischer Entspannung. Sie wollen sich einen „klaren Kopf" und ein wieder „volles Herz" erwandern.

Ich habe auch Sportler getroffen. Sie sind vom Ehrgeiz getrieben, diese Strecke von mehreren hundert Kilometern zu bewältigen. Sie sehen die Entfernung schrumpfen und das Ziel mit jedem Schritt näherkommen. Das Ziel erreichen sie nie. Denn sie sind durstig nach Herausforderungen. Sie kommen nie bei sich an.

Nicht mal die Gläubigen sind eine homogene Gruppe. Denn da gibt es die, die eine Pilgerreise als Aufgabe im Rahmen ihres gelebten Glaubens ansehen. Dann sind da die, die meinen, damit eine Schuld abtragen zu können. Pilgern wie ein Gang nach Canossa. Andere haben schwere Schicksalsschläge erlebt, haben dadurch den Glauben wieder gefunden und suchen nun im Pilgern eine tiefe Gotteserfahrung.

Und dann gibt es auch Menschen wie mich. Sie sind einfach mal aufgebrochen. Keine Ahnung, warum ich wandern musste. Der Weg ist das Ziel? Vielleicht – ich weiß es nicht. Ich bin losgegangen und angekommen. An vielen Stationen, bei vielen Menschen und ein Stück auch bei mir.

Ich weiß nicht, ob es der Weg oder ob es das Pilgern ist – etwas Besonderes, vielleicht Zauberhaftes passiert allen, die hier unterwegs sind.

Obwohl eigentlich jeder allein gen Santiago pilgert, ist man nie einsam. Es scheint, als vereine alle ein Gefühl der Gemeinschaft, die hier unterwegs sind.

Die Erfahrung großen Respekts, von Toleranz und Hilfsbereitschaft ist immerfort greifbar. Man lernt hier, dass Teilen etwas Großartiges ist. Und man kann so viel teilen: Verbandszeug, Wegzehrung, einen Unterstand etc.

Durch das Teilen wird ein Stück Brot kleiner, eine Wasserflasche leerer, aber das Herz wird voller, die Freude größer. Anfangs hatte ich immer noch den Reflex, alles Gute vergelten zu wollen, das man mir tat. Man muss nicht nur lernen zu geben, man muss auch lernen anzunehmen.

„Wer dich bittet, dem gib,
und wer von dir borgen will,
den weise nicht ab."

(Matthäus 5, 42)

Der Weg

Wer glaubt, der Jakobsweg sei eine außergewöhnlich schöne Strecke, wird beim Wandern oft eines Besseren belehrt. Es gibt Wege durch Vorstadtgebiete, Industriehalden, Schuttabladeplätze, lieblos planierte Pfade und asphaltierte Straßen, auf denen die Hitze flirrt, so dass man eine Fata Morgana am Ende des Horizonts sieht. Aber auch unvergleichliche Landschaften. Ich denke, der Weg ist so wie das Leben: mühsam, wundervoll, dreckig, aufregend, langweilig, schön und manchmal erbärmlich.

Im Mittelalter war das Pilgern die einzige Form des Massentourismus. Entlang der Pilgerrouten entstanden Hotels, Gasthöfe, Dienstleistungszentren – all das, was wir heute „Tourismusindustrie“ nennen. Die Zeiten haben sich geändert. Heute ziehen die Touristenströme woanders hin und formen dort mit ihrer Nachfrage ganze Landschaften um.

Das bleibt dem Jakobsweg hoffentlich erspart. Im 21. Jahrhundert ist das Pilgern noch nicht das große Geschäft. Der Tourismus wird sanft aufgebaut, wenngleich auch hier schon der eine oder andere McDonalds am Wegesrand liegt. Pilgeressen gibt es dort selbstverständlich auch (Con tu Menú Jacobeo „Postre Gratis“).

Wie geht man eigentlich einen Weg von mehreren hundert Kilometern Länge?
Wer daran denkt, dass die Strecke 850 oder 1.000 Kilometer lang ist, der kommt nie an.

Man darf nie auf den Weg blicken, der noch vor einem liegt, sondern nur an den nächsten Schritt. Immer nur an den nächsten Schritt. Oder besser noch, man denkt gar nicht an die Schritte. Ich wandere jeden Tag 20 bis 30 Kilometer. Dabei ist das Wandern gar nicht das eigentlich Schwierige. Das Losgehen ist es.

Das größte Hindernis beim Pilgern ist das Wetter. Bei Hitze können die Füße glühen, besonders, wenn man auf unendlich scheinenden Asphaltstraßen unterwegs ist.

Wandgemälde in einem Hotel in Sahagun

Bei Regen werden die Lehmböden zur Qual. Dann sinkt man ein, und der Schuh am Fuß wird zu einem großen, schweren Lehmkloß, der das Gehen noch schwieriger macht.

Das Pilgeressen

Man könnte erwarten, dass Pilger nur Wasser und Brot essen. Das ist natürlich Quatsch, denn wir fasten nicht, wir pilgern. Und wer nach einem langen Tag und mit müden Beinen in einen Gasthof einkehrt, der ist durstig und hungrig.

Ein Bier oder ein Radler, das hier in Spanien „Clara" heißt, sind die beliebtesten Erfrischungen bei der Ankunft. Die Herbergen bieten spezielle Pilgeressen an. Die haben nichts Spirituelles, sondern sind vor allem nahrhaft, reichhaltig und recht günstig. Für 6,50 bis 9,50 Euro gibt es immer eine Vorsuppe oder Salat, ein Fleisch- oder Fischgericht und als Nachspeise Flan, Obst, Joghurt, Eis oder Tarta de Santiago. Wein und Wasser sind immer dabei; in Galicien gibt es sogar ein Gesetz, das die Gastronomen verpflichtet, sie Pilgern kostenlos anzubieten.

Das Essen ist in der Regel ein Fest regionaler Kochkunst. Authentisch, reduziert auf das Wesentliche, keine übertriebene Dekoration, kein 5-Sterne-Service – hier geht es noch ganz und gar um das Essen. Es gibt nichts Besseres als etwas Gutes, z. B. ein frisch gefangener Pulpo mit Olivenöl, Paprikapulver und grobem Meersalz. Statt Besteck nimmt man einen Zahnstocher – wundervoll.

So auch beim Frühstück. Es ist für deutsche Verhältnisse dürftig: eine Auswahl verschiedener Kaffees, mit oder ohne Milch, einfach oder doppelt, dazu ein Süßgebäck namens „Magdalena" – das war´s.

Das Gebäck ist meiner Ansicht nach auch die ideale Wegzehrung beim Pilgern. Wasser gibt es übrigens überall auf dem Weg. Das ist wichtig, denn man trinkt bis zu 3 Liter, je nach Witterung und Strecke. Die Pilger trinken es direkt aus den Brunnen, die hier überall zu finden sind. Es ist wunderbar kühl und erfrischend. Der Geschmack ist von Brunnen zu Brunnen unterschiedlich.

Die Unterkünfte

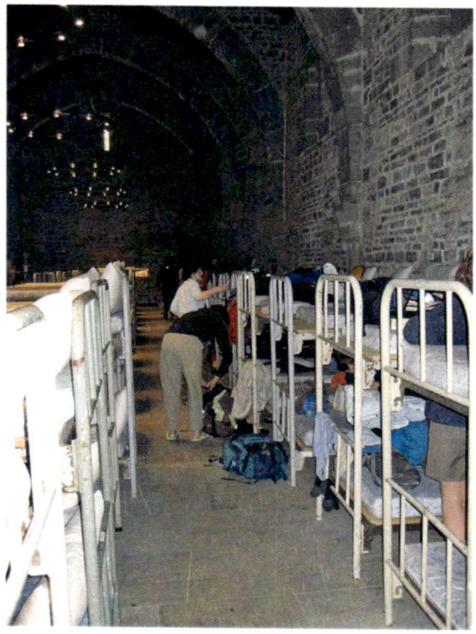

Refugio in Roncesvalles

Refugios und Albergos sind die bescheidensten Möglichkeiten der Übernachtung für die Pilger. Sie kosten zwischen 5 und 10 Euro pro Nacht, manchmal sind sie gratis. Man darf aber nur eine Nacht bleiben und muss sich als Pilger ausweisen können, d. h. man zeigt seinen Pilgerpass und bekommt einen Stempel hinein.

Hostals sind die einfachere Klasse der Hotels und eine gute Alternative zu den oft überfüllten Refugios.
Der größte Vorteil besteht darin, dass man selbst entscheiden kann, wann man ins Bett gehen möchte. Denn in den Refugios beginnt die Nacht meist schon um 22 Uhr, weil sich die Pilger bereits um 5 oder 6 Uhr wieder auf den Weg begeben möchten, um am nächsten Ziel noch einen guten Platz im dortigen Refugio zu erhalten. Das ist ein wenig so wie das „Mallorca-Rennen“: Die Frühaufsteher legen ihr Handtuch auf die Liegen und sichern sich so den besten Platz am Swimmingpool.
In den Refugios wird man nicht bekocht – hier greifen die Pilger selbst zum Kochtopf. Es gibt Gemeinschaftsküchen, und man macht sich oft Spaghetti oder Ravioli aus der Dose.

Ich gehe also lieber in ein Hostal. Ich mag es, nach dem Essen noch auf der Plaza Major zu sitzen, ein Gespräch zu genießen oder einfach der Sonne beim Untergehen zuzuschauen.

Mein erstes Mahl

Ich bin noch nie zuvor gepilgert oder gewandert. Sich dann gleich den 850 Kilometer langen französischen Jakobsweg vorzunehmen, mag auf erfahrene Wandervögel wie eine Schnapsidee wirken. Aber ich hatte mich so entschieden und begann den Weg in St.-Jean-Pied-de-Port.

Ich hatte so viel Mut und Naivität im Kopf und im Herzen wie Sachen in meinem Rucksack. 12 Kilogramm – ich fand das nicht schwer. Bevor ich losging, kaufte ich mir dann noch eine herrliche luftgetrocknete Wurst, regionalen Käse, Schokolade, Tomaten, Oliven im Glas, Weißbrot und 2 Flaschen Wasser. Ich bin Franke – da gehört eine anständige Brotzeit eben immer ins Gepäck!

Dann ging es los, bergauf und nur selten mal ein wenig bergab. Ich wollte zum 28 Kilometer entfernten Kloster Roncesvalles in den Pyrenäen. Das Wetter war herrlich, die Landschaft phantastisch. Aber nach 6 oder 7 Kilometern hatte ich das Gefühl, Wackersteine auf meinem Rücken zu transportieren. Es war eine entsetzliche Quälerei. Ich trank viel und aß wenig.
Ich lernte an diesem Tag die wichtigste Lektion des Pilgerdaseins auf dem Jakobsweg: Dieser Weg ist kein leichter.

Nach fast 10 Stunden kam ich im Kloster an und war völlig erschöpft. So erschöpft, dass ich mich über den ersten Stempel in meinem Pilgerpass fast nicht freuen konnte. Ich bezog Quartier in einem Refugio mit 180 Betten. Die standen gerade einmal 30 Zentimeter auseinander – gerade genug Platz für den Rucksack.

Der Hunger und der Durst auf Wein stellten sich nun rasch ein, und ich ging in das Lokal des Klosters. Es war schon so voll, dass es mir schwerfiel, noch einen freien Platz zu ergattern.
Schließlich saß ich neben Richard, einem Professor aus Kanada, und Paul, einem Schiffsmakler aus Belgien.

Auf dem Camino

Zu essen gab es eine Suppe, dann eine gebackene Gebirgsforelle mit Pommes Frites und Salat, dazu eine Flasche einfachen spanischen Wein, zum Abschluss einen Joghurt. Meine Stimmung hellte sich beim Essen auf. Es war einfach und gut. Veredelt wurde es aber durch ein intensives Gespräch mit meinen Tischgenossen. Jeder erzählte seine heutigen Erlebnisse; ich klagte mein Elend des ersten Tages. Wir tranken mehrere Flaschen Wein und vergaßen die Zeit. Wir hätten so bis in die frühen Morgenstunden sitzen, reden und trinken können. Aber dann mussten wir uns doch sputen, um rechtzeitig vor 22 Uhr im Refugio zu sein, das dann schloss.

Ich legte mich auf meinen Ruheplatz und war sicher, wie ein Stein zu schlafen. An Ruhe war aber nicht zu denken. Pilger sind nicht leiser als andere Menschen, und es ist verdammt schwierig, in einem Saal mit 180 Menschen eine ruhige Nacht zu verleben.

Diese Nacht war auch noch ausgesprochen kurz. Denn bereits um 5 Uhr morgens brachen die ersten Pilger auf und machten dabei genug Lärm, um auch mich endgültig aus dem Schlaf zu reißen.

Und so war ich um 6 Uhr bereits wieder unterwegs. Es war noch dunkel, und ich war unausgeschlafen, schlecht gelaunt und meine Glieder schmerzten.

Als es hell wurde, erkannte ich plötzlich knapp vor mir meinen gestrigen Gesprächs- und Trinkpartner Paul. Wir beschlossen, ein Stück gemeinsam zu wandern.

Man kommt immer schnell mit anderen Pilgern ins Gespräch. Paul erzählte von seiner Bilderbuchkarriere, von seiner Familie, seinem großen Haus, seinen Luxusautos, seinem eigenen Helikopter. Und er erzählte, dass er all das so satt habe. „Burn out", diagnostizierte er selber.

Der Jakobsweg solle ihm und seinem Leben einen neuen Sinn geben. Manchmal frage ich mich, ob er ihn gefunden hat.

Im Weinberg

Das Wetter war seit Tagen ein Traum, und der Weg führte mich mitten durch die herrlichen Weinlandschaften Riojas. Zu Weinbergen habe ich von jeher eine besondere Verbindung, denn ich wohne daheim in Deutschland auch umgeben von schönen Rebhängen und habe jahrelang als Marketingfachmann für ein berühmtes Wein- und Sekthaus gearbeitet. Die Pressetermine hatten da natürlich sehr, sehr oft mit unseren „Wingerten" zu tun: Helikopterflüge über die Anbaugebiete, Weinproben zwischen

„Der Weinbrunnen" Bodegas Irache

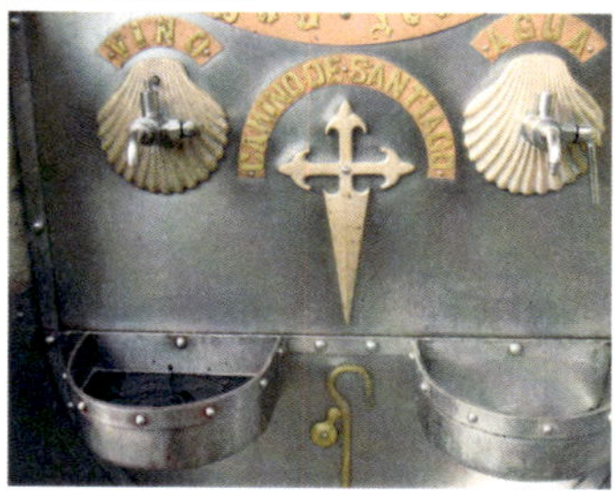

den Reben und viele andere Veranstaltungen, die man sich rund um die Weinberge einfallen lässt.
Ich kann sicher ohne Angeberei behaupten, schon sehr viele Weinregionen gesehen zu haben und auch viel darüber zu wissen.

Aber in Rioja lernte ich die Weinberge ganz anders kennen. Wenn man tagelang an und in ihnen wandert, nimmt man die Landschaft, den Boden, die Luft doch ganz anders – viel intensiver wahr. Man hat einfach mehr Zeit, die Eindrücke auf sich wirken zu lassen. Und als ich dann abends in den Bodegas saß und zu den Tapas ein Gläschen Crianza, Reserva oder Gran Reserva trank, da glaubte ich, die Landschaft im Wein zu schmecken.

Eine Nacht auf dem Friedhof

Ich war eine ganze Zeit lang allein unterwegs gewesen. Das kann sehr schön sein, doch auf dem Camino war mir doch mulmig zumute. Ich kannte die Gegend nicht und kam mir unbeholfen vor. Da traf ich Herbert. Eine Erscheinung wie ein Wikinger: groß, vollbärtig, lange dunkle Haare und mit sehr wenig Gepäck.
Später stellte sich heraus, dass er so aussah, wie er lebte: wild.

Er war ein echter Weltenbummler. Einer, der sich ohne Geld durch die Welt schlug und das wohl recht erfolgreich. Er war eigentlich schon überall mal gewesen. Nun wollte er mal den Jakobsweg erleben, so kam er her.

Ich interessierte mich für die Spezialitäten aus aller Herren Länder, die er genossen hatte, und so hatten wir ein Thema gefunden:

das Essen. Er berichtete von Wodkageschwängerten Nächten in Russland und von traumhaften Fischgerichten in Japan.

Wenn man stundenlang so übers Essen redet, bekommt man Hunger.

Nahe dem Kloster Oseira fanden wir ein kleines Lokal. Herbert weigerte sich, mit mir dort einzukehren. Er esse lieber von seinen Vorräten. Ich erkannte, dass es ihm weniger am Appetit als am Geld mangelte, und lud ihn ein.
Man servierte uns frischen Schinken, Käse, Brot und eine Karaffe einfachen Hauswein.

Wir saßen so einige Stunden, als es Zeit wurde, sich um das Nachtquartier zu kümmern. Herbert wollte draußen schlafen, wie er es wohl immer tat. Ich überredete ihn, einen „richtigen" Schlafplatz zu suchen.

Wir klopften an die Klosterpforte. Ein älterer Zisterzienser öffnete und erklärte uns, dass hier schon lange kein Pilger mehr übernachtet habe. Ein Nachtlager gäbe es nicht. Aber wir könnten in der Steinscheune auf dem Friedhof übernachten.

Da weder Herbert noch ich an Gespenster glaubten, hatten wir mit dem Friedhof kein Problem.
Es verwunderte mich dann aber doch, dass der Mönch uns ein kleines, auf Pappe gemaltes Ölbild mit Jesuskopf schenkte.

Wir gingen also lieber erst einmal in eine Kneipe und bestellten Wein. Nach einigen Gläsern kam die Müdigkeit, und mit dem wilden Herbert an meiner Seite brauchte ich eigentlich doch keine Sorge zu haben, sprach ich mir selber Mut zu.

In dieser Nacht hörte ich allerlei Geräusche. Kratzen, das Heulen des Windes und den Ruf eines Käuzchens – eine Geräuschkulisse wie aus einem alten Gruselfilm mit Christopher Lee.

Es kamen dann aber keine Gespenster. Zumindest haben wir keine gesehen. Vielleicht hat uns ja auch das Jesus-Bild beschützt. Ich mag es, mir genau das einzubilden. Ich habe es aufgehoben und später zu Hause in Deutschland aufgehängt.

Der Kuckuck ruft

Ich lernte Pauline, die Holländerin, am Ausgang einer Stadt auf dem Camino kennen, deren Name sich zu merken nicht gelohnt hätte. Aber Pauline ist mir im Gedächtnis geblieben.

Wir beschlossen, gemeinsam zu gehen; ich beschloss, mit ihr zu reden, sie beschloss zu schweigen. Aber das merkte ich nicht. Ich weiß nicht warum, aber plötzlich redete ich über mein Leben, meinen Beruf, meine Karriere, meine Marketingideen und was ich so erlebt hatte in meinen Jahren bei großen Getränkefirmen. Ich redete so viel und inbrünstig, dass ich auf sie gar nicht achtete. Im Grunde redete ich zu mir selbst.

Nach einigen Stunden im Wald blieb Pauline unvermittelt stehen und sagte forsch: „Du – wir leben jetzt. Nicht vor einer Minute, nicht in einer Minute. Jetzt!“ Sie fragte mich, ob ich den Kuckuck gehört hätte, der soeben gerufen habe. Ich verneinte.

Sie belehrte mich: „Wenn man das Rufen des Kuckucks hört, denkt ein lieber Mensch an einen.“

Ich war schockiert. Denn durch meinen ununterbrochenen Redeschwall hatte ich keine Sinne für die Natur und meine Begleitung gehabt. Ich war über Stunden blind umhergelaufen.

Pauline gab mir zu verstehen, dass sie fortan lieber ohne mich weiterwandern würde.

Ich konnte es ihr nicht verdenken.

Tage später hatte ich mich wieder einmal verlaufen und musste viele Kilometer die Asphaltstraße entlang gehen, bis ich den richtigen Weg wiedergefunden hatte. Der führte mich direkt in ein Tal mit einem kleinen idyllischen Fluss. Direkt an der Brücke über dem Fluss lag ein kleines Hostal mit Restaurant.

Ich war müde und glücklich, hier zu sein. Da sah ich Pauline an einem Tisch außerhalb des Lokals sitzen.

Ich wollte sie nicht stören, aber auch nicht stumm an ihr vorbeigehen. Also begrüßte ich sie, sagte, dass ich sie nicht stören wolle. Sie sagte, man könne hier gut einkehren, und die Küche sei gut. Es gebe sogar ihr Leibgericht: Muscheln mit Reis.

Ich merkte, dass unsere Unterhaltung hier beendet war, und trat in das Innere des Hostals. Ich bezog ein einfaches Zimmer, holte mir einen Stempel für meinen Pilgerausweis ab und sagte der Wirtin, dass alles, was Pauline in diesem Haus verzehre, auf meine Rechnung gehe. Ich wusste, dass sie nicht viel Geld hatte und eisern sparte.

Als ich später in den Gastwirtschaftsraum kam, wartete Pauline schon auf mich.

Ich hatte keinen Dank erwartet, aber eine Standpauke auch nicht. Sie fragte mich, was mir einfalle, ihr Essen zu bezahlen. Ich wusste nicht, wie ich mich verhalten sollte. Hatte ich sie beschämt, war ich ihr durch diese stille Einladungen zu nahe getreten, war eine Entschuldigung am Platze?

Noch bevor ich diese Gedanken zu Ende denken konnte, ergriff sie meine Hand, küsste sie, drehte sich auf dem Absatz um und ging ihres Weges.
Als ich viel später nach Santiago kam, erzählte ich im Pilgerstübchen einem Pilger von dieser wunderlichen Begegnung mit Pauline.

Er nickte nur und sagte, dass er sie kennen würde. Er habe ihr lange zugehört, kenne ihre Geschichte. Er berichtete, dass sie unheilbar an Krebs erkrankt sei und in wenigen Wochen, vielleicht sogar nur Tagen, sterben werde. Sie habe ihm gesagt, dass sie ihre Heimat nicht wiedersehen werde.

Ich konnte die Gefühle nicht einordnen, die da plötzlich durch meine Seele fuhren. Ich kam mir unmöglich und tief bewegt zugleich vor.

Am nächsten Tag hörte ich auf meiner Wanderung einen Kuckuck rufen. Ich bilde mir ein, dass es Pauline war, die da an mich dachte.

Mit Stil auf dem Jakobsweg

Feinste Tropenkleidung, Stockschirm, gutes Kartenmaterial – John und Henry fielen auf. Sie hatten es nicht darauf angelegt, sie waren einfach nur stilbewusst. So beschwerlich der Weg auch sein mag, es ist kein Grund, auf Etikette, Charakter und Stil zu verzichten.

John und Henry waren Engländer, und John war ein echter Bilderbuch-Engländer.

Er war weit über 70 Jahre alt, ehemaliger Lufwaffenoffizier, liebte Polo und Tee. Sein Sohn Henry war so um die 40 Jahre und lebte in Panama. Er war das schwarze Schaf der Familie. Der Vater hatte sich eigentlich immer nur um den erfolgreichen Bruder gekümmert, der nun in Südafrika eine eigene Farm hat. Und Henry war eben der nicht so gut aussehende, der nicht so erfolgreiche, der nicht so „englische" Junge.

Der Vater hatte ihn vernachlässigt, und sie hatten sich entfremdet. Glücklicherweise nicht so weit, dass es zu spät gewesen wäre für einen Neuanfang.

Der Jakobsweg war dieser Neuanfang. Hier marschierten Vater und Sohn nun in Richtung Ziel und liefen doch eigentlich nur zu sich.

In Sahagun trafen wir uns in einer Gastwirtschaft und kamen schnell miteinander ins Gespräch. Als der Kellner kam, bestellte John für sich einen Gin Tonic mit Tanquery Gin. Und er wiederholte, dass er nur diesen und sonst keinen anderen Gin wolle.

Mich freute das, weil ich jahrelang für dieses Produkt gearbeitet hatte und es auch selbst sehr gerne genoss.

Als das Getränk kam, waren wir schon in unsere Gespräche über Gin, London, die besten englischen Köche und die bemerkenswertesten Getränke des Landes vertieft.

Ich traf die beiden noch öfter. Sie waren wohl etwas schneller, denn ich traf sie immer schon im Lokal sitzend, wenn ich gerade ankam. Und immer stand vor John ein Gin Tonic mit Tanquery Gin.

Ein Bier verbindet

Am Ende eines langen, harten Wandertages gibt es für mich nichts Besseres als ein kühles Glas Bier. So kalt, dass das Glas beschlägt und man beim Trinken merkt, wie sich die Kühle im ganzen Körper ausbreitet.

Stunden war ich in der Hitze gelaufen und froh, ein Fernfahrer-Lokal gefunden zu haben, in dem ich schlafen und essen konnte.

Ich saß auf der Terrasse und genoss die Hitze des Abends und die Kühle des Bieres. Ein Pilger ging des Weges, blieb zweifelnd vor

Am französischen Weg in Calzadilla de la Cueza im Hostal „Camino Real".

dem Hotel stehen. Er erkannte an meiner Jakobsmuschel, dass ich auch Pilger war, und fragte mich, ob es hier nicht ein besseres Hotel gebe.

Ich nahm gerade einen tiefen Schluck, stellte das Bier ab und antwortete mit einem zufriedenen Seufzer: „Das Bier ist lecker!“

Der Pilger überlegte nicht lange, trat ins Hotel und war wenige Minuten später bei mir mit einem vor Kälte beschlagenen Glas Bier. Er trank in vollen Zügen und sagte dann: „Du hast recht, das Bier ist lecker!“

Ein hauchdünner Genuss

Die Pilgerschaft auf dem Jakobsweg ist voll von einzigartigen Genüssen für den, der einen offenen Gaumen hat. Was nützt es, eine Rangliste aufzustellen? Ich habe all dies genossen, und jedes Gericht auf diesem Weg war das beste Gericht.

Als ich auf dem Jakobsweg von Sevilla nach Santiago de Compostella wanderte, kam ich durch Andalusien, ein Teil Spaniens, der mehrere hundert Jahre lang von den Mauren besetzt war und so viele Spezialitäten zu bieten hat, dass ein Leben nicht ausreicht, sie alle zu kosten.

Die vielleicht großartigste kulinarische Errungenschaft ist hauchdünn: der Jamón Ibérico, der Ibérico-Schinken. Ich mag die landläufige Bezeichnung Jamón de Pata negra („Schinken mit schwarzem Fuß“) übrigens mehr, weil sie mir passender erscheint. Sie rührt daher, dass der Schinken von dem meistens dunkel behaarten Schwein der Region stammt. Außerdem erinnert mich die Bezeichnung irgendwie auch an meine plattgelaufenen Füße.

Der Jamón Ibérico hat eine feine Fettmaserung und winzige Kristalleinschlüsse. Er wird hauchdünn geschnitten, damit er optimalen Kontakt zur Luft bekommt und so seinen Geschmack noch besser entfalten kann. Die Spanier sagen: „Der Schinken weint." Es gibt auch eine chemische Erklärung, aber die wollte ich nie hören. Man muss sich von der Wissenschaft nicht jedes Mysterium zerstören lassen.

Normalerweise umfasst ein Pilgeressen auf dem Jakobsweg drei Gänge. In Andalusien kam immer auch ein Teller mit frisch geschnittenem Jamón Ibérico dazu.

Es ist ja schon ein Fest für die Sinne, wenn man eine Gastwirtschaft betritt, und das „Schweinebein" steht in seinem speziellen Holzgestell auf der Theke oder einem speziellen Tisch. Und wenn dann der Meister mit scharfer Klinge die hauchzarten Schinkenscheiben abschneidet, muss man ihm in die Augen blicken. Ich habe da stets ein Feuer der Leidenschaft gesehen. Wer so guckt, dem kann man bei Tisch blind vertrauen.

Diese Schinkenmeister sind so geübt, dass sie das Bein schließlich bis auf den blanken Knochen abschneiden. Von diesem überirdischen Schinken geht keine Scheibe verloren. Es ist wohl sicher die höchste Ehre, die man einem Schwein machen kann.

Selbst die in ihre eigene Küche vollends verliebten Franzosen sind seinem Geschmack erlegen. In der Amtszeit von Staatspräsident Valéry Giscard d´Estaing soll der Jamón Ibérico bei keinem Gala-Diner gefehlt haben.

Warum schmeckt der Schinken aber so einzigartig? Er ist das Ergebnis reinster Natur. Der Jamón Ibérico ist eines der Produkte, die einfach nicht industriell zu fertigen sind.

Die Schweine leben in freier Wildbahn und ernähren sich nahezu ausschließlich von Eicheln, die es in den Wäldern und Hainen

Edle Stärkung auf dem Camino und noch 254 km bis Santiago de Compostela

massenhaft gibt. Die Lagerung des Schinkens ist dann eine Wissenschaft für sich, die es mühelos mit der Herstellung von Cognac aufnehmen kann. Sogar die Lichttage, denen der Schinken in seiner 20-monatigen Reifezeit ausgesetzt wird, sind genau festgelegt.

Wer das albern findet, weiß nicht, wie dieser Schinken schmeckt. Wer ihn je gekostet hat, der weiß aber, dass alles dies ein Teil des Geheimnisses dieses Schinkens ist.

Da lass Dich nieder ...

Meine Füße schmerzten, und das Verlangen nach Speis und Trank war groß. Ich war irgendwo auf der Stecke von Burgos nach Catsrojeriz in ein kleines Dorf gekommen und freute mich, eine gemütliche Albergo für die Nacht gefunden zu haben.
Ich ging durch das Dörfchen auf der Suche nach einer kulinarischen Versuchung, als eine wohlbekannte Melodie mir an mein Ohr kam. Ich glaubte mich im Irrtum, aber es war unverkennbar „Warum ist es am Rhein so schön", gespielt auf einer Tonpfeife.

Ich folgte den Tönen um einige Straßenbiegungen und sah schließlich auf der Plaza Major drei Koreanerinnen von vielleicht 20 Jahren am Brunnen sitzen, eine eben diese Melodie auf einer Tonpfeife spielend.
Ich muss einen amüsierten Eindruck gemacht haben, denn das Mädchen hörte plötzlich auf und sah mich fragend an. Ich bat sie weiterzuspielen und erklärte, dass ich selbst vom Rhein käme und diese Melodie ganz besonders mögen würde.

Die Koreanerinnen lachten fast unmerklich, und die Melodie erklang von Neuem. Als das Mädchen die Pfeife absetzte, lud ich alle in das Lokal „La Taberna" ein.
Wir tranken Rotwein und aßen dazu ungeschälte gesalzene Erdnüsse. Die Stimmung war ausgelassen, und ab und an erscholl wieder ein Lied aus meiner Heimat, gespielt auf der Tonpfeife: „Es waren zwei Königskinder" und „Am Brunnen vor dem Tore".

Die Stimmung muss ansteckend gewesen sein, denn irgendwann setzte sich der Wirt zu uns, und wir waren seine Gäste. Er servierte uns Weißbrot, das wir in Olivenöl tunkten, später dann Huhn, Knoblauchsuppe, Bohnensalat, Linsensuppe mit Blut und die Paprikawurst Chorizo.
Es war einer dieser Abende, an denen alles möglich ist. An denen Magie in der Luft liegt.

Ich weiß nicht, wie es kam, aber plötzlich saßen noch ein Belgier, ein Russe und ein Österreicher an unserem Tisch, und alle tranken, redeten, lachten und sangen Lieder aus ihrer Heimat.

Auch die Koreanerinnen sangen – ein Lied aus ihrer Heimat. Was sie sangen, konnte ich nicht verstehen. Aber ich verstand etwas anderes – Freundschaft. Eine Freundschaft für den Augenblick, nicht befleckt mit Verbindlichkeiten, nicht belastet von Meinungen.

Nachdem alle etwas zum Besten gegeben hatten, forderte man schließlich auch mich auf, etwas zu singen. Ich überlegte nur kurz und besang die Stimmung dieses unvergesslichen Abends mit dem schönsten Lied, das ich kenne: „Kein schöner Land in dieser Zeit, als hier das unsere weit und breit ...“.

Essen ohne Schnörkel

Am Ziel in Finesterra besuchte ich den Fischmarkt. Ich mag die Atmosphäre in den Markthallen – die Gerüche, das Handeln und Feilschen, die Leidenschaft für das Gute, die hier überall greifbar ist.

Ich muss gar nicht kaufen, nichts probieren. Der Genuss dieser Stimmung macht mich satt.

Ich wandelte zwischen den Ständen hin und her, sah zu, wie Chefköche den Fisch für das Abendmenü kauften, wie erfahrene Hausfrauen den Pulpo prüften.

Hier war jeder ein Profi. Keiner, der nicht ein Meister seines Fachs war.

Ich schaute einer kleinen Frau zu, die scheinbar jeder kannte und die selbst auch jeden kannte. Der Respekt war spürbar, den ihr die Händler entgegenbrachten, und sogar die Chefköche verstummten, wenn sie mit dem Verkäufer handelte.

Als sie sich mit einer Gummitasche voller fangfrischer Fische auf den Heimweg machte, folgte ich ihr im gebotenen Abstand.

Meine Hoffnung betrog mich nicht – sie steuerte ein kleines Restaurant an, das eigentlich wenig Vertrauenerweckend aussah. Ich merkte mir die Adresse und ging abends wieder dorthin.

Die Frage, ob dieses Restaurant ein gutes sei, wurde durch voll besetzte Tische und ausgelassene Stimmung mehr als deutlich beantwortet.

Ich hatte Glück und erspähte einen kleinen Tisch, an dem niemand saß.

Es gab keine Karte, keine Bedienung. Ein Mann kam vorbei, nickte mir kurz zu und stellte eine Flasche roten Wein auf meinen Tisch. Kurze Zeit später kam er zurück und servierte Garnelen, Sepia Pulpo mit selbstgemachter Mayonnaise, und zur Krönung noch eine Seezunge.

Es war ein Essen ohne Schnörkel und dennoch war es ganz große Kunst.

Rezeptteil

Auswahl & Verwendung der Zutaten

Um den typischen Geschmack der spanischen Küche entlang des Jakobwegs zu erreichen, sollte beim Zusammenstellen der Zutaten darauf geachtet werden, möglichst Produkte aus Spanien zu bekommen. Auch sollten die Zutaten stets frisch und reif sein.

Im Vorfeld sollte man die Garzeiten planen und Rückschlüsse ziehen, z. B. wann der Braten in den Ofen kommt und die Kartoffeln aufgesetzt werden müssen.

In manchen Rezepten werden Dosen- und Fertigprodukte verwendet. Diese Zutaten wurden übernommen, um den Charakter des Rezeptes nicht zu verfälschen. Selbstverständlich bleibt es der Köchin oder dem Koch überlassen, eine schmackhafte Hühnerbrühe zu kochen, statt einen Brühwürfel zu verwenden, oder Bohnen über Nacht einzuweichen und frisch zu kochen, statt auf Dosenbohnen zurückzugreifen.

Bei der Verwendung der Zutaten wird generell davon ausgegangen, dass Gemüse vor der Verwendung gewaschen bzw. geschält wird. Fleisch wird pariert, was bedeutet, dass Sehnen, Haut und überschüssiges Fett abgeschnitten werden. Die Meeresfrüchte werden gebürstet, geputzt und, wenn nötig, der Darm entfernt. Die Fische werden geschuppt etc. Die Eier werden zuvor aufgeschlagen oder gepellt. Dies wird meist in den Rezepten nicht extra erwähnt.

Zitrusschalen: Wenn geriebene Schalen von Zitrusfrüchten (z. B. Zitrone, Orange) verwendet werden, sollten diese nur von unbehandelten (ungespritzten) Früchten stammen.

Die Garprobe: Ein Kuchen ist gar, wenn ein hineingesteckter Zahnstocher wieder sauber herauskommt.

Beilagen, Saucen und Vorschläge zur Dekoration der Speisen findet man i. d. R. am Ende des Rezepts. Die Zutaten hierfür werden in der Zutatenliste nicht aufgeführt. Oft findet man die Rezepte für Beilagen und Saucen in den entsprechenden Kapiteln.

Maßeinheiten & Mengenangaben

Der Erfahrung nach können Mengenangaben und Garzeiten nur ungefähre Angaben sein. Die unterschiedliche Beschaffenheit der Zutaten, die verschiedenen Gegebenheiten der Küchen – von der Pfanne bis zum Backofen – und auch der individuelle Geschmack lassen ein präzises Abschmecken und Garproben unabdingbar werden. Bei allen Rezepten sollte jeder seine eigene Erfahrung im Umgang mit den Zutaten und dem Bereiten von Speisen einfließen lassen.

Die Mengen sind nach dem metrischen System angegeben:

kg = Kilogramm
g = Gramm (1.000 g = 1 kg)
L = Liter (Achtung: „L“ statt „l“)
cl = Centiliter (1 cl = 10 ml)
ml = Milliliter (1.000 ml = 1 L)
EL = Esslöffel = ca. 15 g
TL = Teelöffel = ca. 7 g

Weitere Mengenangaben:

Prs. = Prise (Menge, die sich zwischen Daumen und Zeigefinger befindet)
Msp. = Messerspitze (Menge, die auf der Spitze eines Besteckmessers Platz hat)
Pkg. = Packung, Päckchen, Tütchen (z. B. Vanillezucker)
°C = Grad Celsius (100 °C = 212 °Fahrenheit)
Ø = Durchmesser

Tapas und Vorspeisen

Tapas y Entremeses

Fleischtaschen

Empanadas de carne molida

Zutaten: *(für 6 Portionen)*

Teig:
175 g Quark
225 g Mehl
2 Eigelb
175 g Butter
½ TL Kümmel, gemahlen
Pfeffer aus der Mühle
Salz

Füllung:
100 g Champignons
250 g Hackfleisch, gemischt
1 Ei
1 Zwiebel
2 Knoblauchzehen
2 Tomaten
1 Peperoni
5 Oliven
1 EL Olivenöl
1–2 EL Mehl
125 ml Weißwein, trocken
½ TL Thymian, getrocknet
½ TL Oregano, getrocknet
½ TL Rosenpaprika
Pfeffer aus der Mühle
Salz

Zubereitung: Aus den angegebenen Zutaten einen Mürbeteig zubereiten und diesen 30 Minuten in einer Frischhaltefolie eingeschlagen ruhen lassen. Das Olivenöl in einer großen Pfanne erhitzen und das Hackfleisch darin so lange anbraten, bis es zu krümeln beginnt. Nun das Gemüse fein hacken und mit in die

Pfanne geben. Unter stetigem Rühren weiterdünsten, bis die Zwiebeln glasig werden. Durch ein Sieb alles mit etwas Mehl bestäuben, unterrühren und den Weißwein angießen. Den Thymian, den Oregano, etwas Pfeffer und Salz unterrühren und weitere 15 Minuten bei kleiner Flamme köcheln lassen. Nun die Pfanne vom Herd nehmen und die Masse auskühlen lassen. Das Ei zusammen mit etwas Pfeffer und dem Paprikapulver verquirlen. Inzwischen den Teig etwa 3 mm dick ausrollen und in etwa 8 x 10 cm große Rechtecke schneiden. Die Füllung auf den Rechtecken verteilen, die Teigränder mit dem Ei bestreichen und zu einem ungleichen Dreieck zusammenfalten. Die Teigränder mit einer Gabel andrücken und die Taschen auf einem Backblech verteilen. Nun den Rest des verquirlten Eies darüber verstreichen und im auf 180 °C vorgeheizten Backofen in etwa 15 Minuten goldbraun backen.

Chorizo in Cidre

Chorizo con sidra

Zutaten: *(für 4 Portionen)*
350 g Chorizo, geräuchert
½ Bund Schnittlauch
750 ml Cidre oder Apfelwein
Olivenöl

Zubereitung: Etwas Öl in einer Pfanne erhitzen und darin die in dicke Scheiben geschnittene Paprikawurst scharf anbraten. Wenn die Wurststücke zu bräunen beginnen, den in kleine Röllchen geschnittenen Schnittlauch unterrühren und alles mit 2–3 Gläsern sidra (Cidre) ablöschen, dann einkochen lassen, bis die Flüssigkeit beginnt, etwas einzudicken. Noch heiß servieren und dazu Brot und den restlichen Cidre reichen.

Chorizo in Rotwein

Chorizo en vino tinto

Chorizo wird luftgetrocknet genauso wie frisch, gebraten, gegrillt und gekocht verarbeitet und verzehrt. Sogar eingelegte Varianten sind erhältlich. Je nach Region wird unterschiedlich gewürzt, manchmal mit Sherry und sogar mit Zucker. Eine Besonderheit stellt die „Chorizo blanco" dar, die zwar kein Paprikapulver, aber in großen Mengen Knoblauch enthält.

Zutaten: *(für 6 Portionen)*
400 g Chorizo, scharf
1 kleine Zwiebel
450 ml Rotwein
Olivenöl
1 TL Thymian, getrocknet, im Mörser zerrieben
3 Baguettes
Peffer aus der Mühle
Salz

Zubereitung: Die Paprikawurst in dünne Scheiben schneiden, dann die Zwiebel fein hacken und zusammen in einer Pfanne im heißen Olivenöl anschwitzen. Nun den Thymian darüberstreuen und gründlich vermengen. Anschließend alles in einer flachen Tonform locker verteilen, etwas Salz und Pfeffer darübergeben und so viel Rotwein angießen, bis alles bedeckt ist. Im auf 180 °C vorgeheizten Backofen etwa 15–20 Minuten garen. Heiß mit Baguette servieren, dazu Rotwein reichen.

Mariniertes Schweinefleisch
Zorza

Zutaten: *(für 4 Portionen)*
800 g Schweinschnitzel
5 Knoblauchzehen
2 EL Paprikapulver, edelsüß
1 EL Paprikapulver, scharf
etwa 125 ml Wasser
2–3 EL Olivenöl
1 TL Salz

Zubereitung: 2 Tage zuvor das Fleisch in feine Streifen schneiden und in eine Schüssel geben. Den Knoblauch schälen und mit dem Salz im Mörser zu einem feinen Brei zerreiben. Das Paprikapulver und den Knoblauch zum Fleisch geben und mischen. So viel Wasser unter Rühren angießen, dass sich das Paprikapulver gut auflöst. Das Fleisch soll aber nicht in Flüssigkeit schwimmen. Die Schüssel mit Frischhaltefolie abdecken und für 48 Stunden in den Kühlschrank stellen. Anschließend das Olivenöl in einer großen Pfanne erhitzen und das marinierte Schweinefleisch bei mittlerer Hitze etwa 5 Minuten – nicht zu stark – anbraten. Mit Weißbrot servieren.

Schafsherde bei Fromista

Oliven mit Speck
Olivas con tocino

Zutaten: *(für 6 Portionen)*
18 Scheiben Schinken
36 grüne Oliven, mit Mandeln gefüllt
2 TL Basilikum, getrocknet
12 Weinblätter
1 TL Pfefferkörner, schwarz
1 TL Salz

Zubereitung: Die Oliven abtropfen lassen und in eine Schüssel geben. In einem großen Mörser das getrocknete Basilikum, die Pfefferkörner und das Salz zu einem feinen Pulver verarbeiten. Das Pulver zu den Oliven geben und gründlich vermengen, bis alle Oliven gleichmäßig damit umgeben sind. Die Schinkenscheiben halbieren und damit die einzelnen Oliven umwickeln. Die so präparierten Oliven auf einem Grillrost verteilen und unter den bereits auf höchster Stufe vorgeheizten Grill schieben, dort von jeder Seite 2 Minuten grillen, dann auf den Tellern mit den Weinblättern anrichten. Dazu Weißbrot und Rotwein reichen.

Eingelegter Ziegenkäse
Queso de cabra en aceite y hierbas

Zutaten: *(für 4 Portionen)*
1 Rolle Ziegenfrischkäse
2 Knoblauchzehen
1 Rosmarinzweig
2 Thymianzweige
1 Lorbeerblatt
5 Pfefferkörner, schwarz
5 Pfefferkörner, weiß
3 Wacholderbeeren
Olivenöl und 1 Bund Rucola

Zubereitung: Ein großes Einmachglas mit kochendem Wasser ausspülen und abtrocknen lassen. Die Knoblauchzehen abziehen und hobeln, die Kräuter waschen und ausschütteln und alles zusammen mit dem in Scheiben geschnittenen Frischkäse und den Gewürzen in das Einmachglas schichten. Nun so viel Olivenöl angießen, dass alles damit bedeckt ist. Das Glas fest verschließen und an einem dunklen Ort bei Zimmertemperatur etwa 2 Tage ziehen lassen. Etwa zweimal am Tag das Glas leicht schwenken. Vor dem Servieren Olivenöl in einer Pfanne erhitzen und die abgetropften Käsescheiben kurz von beiden Seiten scharf anbraten. Die Käsescheiben auf einem Rucolabett anrichten, mit etwas Olivenöl aus dem Einmachglas beträufeln und servieren. Dazu Baguette und kräftigen Rotwein reichen.

Schafskäse Crostata

Queso de cabra Crostata

Zutaten: *(für 4 Portionen)*
300 g Schafskäse
5 EL Weißwein
1 EL Sherry
3 EL Sahne
2 Knoblauchzehen
1 TL Oregano, frisch
2 TL Petersilie, frisch
4 Scheiben Brot
Butter

Zubereitung: Den Schafskäse zusammen mit dem Weißwein, der Sahne und dem Sherry in einer kleinen Schüssel glattrühren. Etwas Butter in einer Pfanne zerlassen und die Brotscheiben darin von beiden Seiten anbraten, dann beiseitestellen und etwas abkühlen lassen. Nun mit der Schafskäsemasse die Brotscheiben bestreichen und unter dem Grill goldbraun backen. Pfeffern und servieren. Das Gericht wird traditionell zu Wein gereicht.

Eingelegte Paprikaschoten

Pimiento morrón en aceite y hierbas

Zutaten: *(für 6 Portionen)*
6 große Paprika, rot
6 Knoblauchzehen
500 ml Olivenöl
6 EL Apfelessig
Paprikapulver
Pfeffer aus der Mühle
Salz

Zubereitung: Die Paprika waschen, halbieren und putzen, dann auf ein mit Backpapier ausgelegten Backblech verteilen und im auf 200 °C vorgeheizten Backofen etwa 25 Minuten backen, bis

Tapas im Restaurant El DILUVIO in Santander (Küstenweg)

die Haut sich zu lösen beginnt. Jetzt das Blech herausnehmen und die Paprikahälften abkühlen lassen, dann die Haut abziehen. Auf einem flachen Teller das Salz, den Pfeffer und das Paprikapulver miteinander vermischen. Die Paprikahälften in etwa zweifingerbreite Streifen schneiden, diese mehrmals auf dem Teller wenden und anschließend in eine Schale legen. Den inzwischen fein gehackten Knoblauch darüberstreuen und den ebenfalls zuvor durch kräftiges Schütteln miteinander verbundenen Essig und Öl darübergießen. Alles sollte vollständig mit der Marinade bedeckt sein. Über Nacht im Kühlschrank durchziehen lassen.

Kleine Paprikaschoten auf baskische Art

Pimientos Vascos

Junge grüne Paprikaschoten in der Größe von Walnüssen werden in Spanien „Pimientos" genannt.

Zutaten: *(für 4 Portionen)*
500 g kleine Paprikaschoten
1–2 Knoblauchzehen
2 EL Olivenöl
Salz, grobkörnig (Flor salis)

Zubereitung: Den Knoblauch in dünne Scheiben schneiden. Das Öl in einer Pfanne erhitzen, den Knoblauch darin goldgelb anbraten, dann aus dem Öl nehmen und beiseitestellen. Die Paprikaschoten waschen, trockentupfen. Das Öl in der Pfanne erneut erhitzen, und die Paprikaschoten darin so lange braten, bis die Haut Blasen und kleine schwarze Stellen bekommt. Dann salzen, auf die Teller verteilen und den Knoblauch darüberstreuen.

Asturische Paprika-Tarte

Tarta de pimiento morrón de Asturias

Zutaten: *(für eine Springform von 28 cm Ø)*
Teig:
125 g Butter
250 g Mehl
3 Eier
1 Prs. Salz

Füllung:
100 g Manchegokäse
2 kleine Zwiebeln
1 Paprikaschote, gelb
1 Paprikaschote, grün
2 Paprikaschoten, rot
140 g Zucchini
1 Bund Petersilie
2 EL Olivenöl
1 Prs. Chilipulver
Paprikapulver
Butter
Pfeffer aus der Mühle
Salz

Zubereitung: Die in Flöckchen geschnittene Butter mit dem Mehl, dem Ei, dem Salz und 2–4 EL lauwarmem Wasser zu einem Teig kneten. Diesen 45 Minuten im Kühlschrank ruhen lassen. Inzwischen die Zwiebel, die Paprikaschote und die Zucchini putzen und fein würfeln. Die Zwiebelstücke in Olivenöl anbraten; wenn diese beginnen, glasig zu werden, die Paprikastücke hinzugeben, wenn diese wiederum bräunen, die Zucchinistückchen untermischen. Nun die Gewürze hinzugeben und abkühlen lassen. Den Backofen auf 200 °C vorheizen. Die Springform reichlich ausbuttern und mit dem Teig auskleiden, dabei mit einer Gabel mehrmals in den Boden stechen. Die Petersilie hacken und in der Pfanne unter das Gemüse mischen. Den Pfanneninhalt in die Springform geben und mit etwas Paprikapulver, dann mit dem geriebenen Käse bestreuen. Im Backofen auf der untersten Schiene etwa 40 Minuten backen.

Gebackene Olivenstangen aus Vigo

Baguette con olivos del Vigo

Zutaten: *(für 40 Stangen)*
4 Platten Blätterteig, tiefgefroren, 10 x 25 cm
24 Oliven, schwarz
8 Sardellenfilets
4 EL Petersilie, gehackt
2 EL Kapern
4–5 TL Olivenöl
Pfeffer aus der Mühle

Zubereitung: Zunächst den Backofen auf 200 °C vorheizen. Die Kapern abtropfen lassen und zusammen mit den Sardellenfilets, den Oliven und der Petersilie fein hacken. Nun alles in einen Mörser geben, das Öl angießen und zu einer glatten Creme verarbeiten. Die Blätterteigplatten im Abstand von 5 Minuten aus dem Tiefkühler nehmen und die Mischung aus dem Mörser darauf verstreichen. Mit einer Mühle groben Pfeffer darübermahlen. Jetzt abwarten, bis die erste Platte aufgetaut ist. Inzwischen zwei Backbleche mit Backpapier auslegen. Die erste Platte mit einem großen Messer in 1 cm breite Streifen entlang der Längsseite der Platte schneiden. Die Streifen an ihren Enden nehmen, fünfmal schneckenartig gegeneinander verwinden oder auch einfach gerade lassen, dann auf dem Backblech mit Abstand auslegen. Das Backblech sogleich in den Ofen geben und etwa 5 Minuten goldbraun backen. Mit den übrigen Blätterteigplatten genauso verfahren und so die Bleche nacheinander fertigbacken.

Baskische Tomatencreme

Crema de tomate vasca

Zutaten: *(für 6 Portionen)*
6 Tomaten
30 g Manchegokäse
12 Scheiben Baguette
3 Knoblauchzehen
1 Zweig Oregano
1 Zweig Thymian
Olivenöl
Pfeffer aus der Mühle
Salz

Zubereitung: Die Knoblauchzehen schälen und eine davon in eine Pfanne pressen. Etwas Öl hinzugeben, mit dem Knoblauch vermischen und die Pfanne erhitzen. Nun die Brotscheiben in der Pfanne rösten, bis die Ränder zu bräunen beginnen. Die Tomaten oben kreuzweise einritzen, mit kochendem Wasser begießen, die Haut abziehen und das Fruchtfleisch würfeln. Die Tomaten zusammen

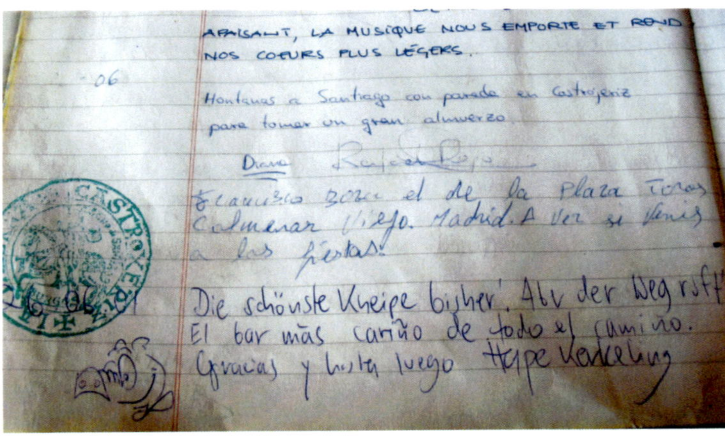

Gästebucheintrag im „La Taberna" in Castrojeriz

mit den restlichen durchgepressten Knoblauchzehen, dem Thymian und dem Oregano in die Pfanne geben und weichdünsten. Dann mit Pfeffer und Salz abschmecken und die Creme auf den Broten verteilen. Den Manchego fein reiben, über die Brote streuen und diese etwa 3 Minuten in den vorgeheizten Grill schieben.

Tomatengulasch
Estofado de tomate

Zutaten: *(für 6 Portionen)*
900 g Tomaten
2–3 EL Pinienkerne
1 Knoblauchzehe
2 EL Olivenöl
200 ml Sahne
2 EL Senf, mittelscharf
2 Zweige Basilikum
schwarzer Pfeffer aus der Mühle
Salz

Zubereitung: Die Tomaten oben kreuzweise einritzen und mit kochendem Wasser überbrühen, dann mit kaltem Wasser abschrecken und die Haut abziehen. Die Tomaten grob würfeln und zusammen mit den Pinienkernen und dem fein gehackten Knoblauch im erhitzten Olivenöl andünsten. Die Kerne der Tomaten zuvor entfernen. Nun den Senf unterrühren, und wenn dieser ganz in der Masse aufgegangen ist, die Sahne angießen. Die Temperatur an den Siedepunkt herunterregulieren und alles unter gelegentlichem Rühren etwa 15 Minuten köcheln lassen. Mit Pfeffer und Salz abschmecken, dann mit dem fein gehackten Basilikum bestreuen. Dazu Kartoffeln reichen.

Champignons in Weißwein

Champiñones en vino blanco

Zutaten: *(für 6 Portionen)*
1¼ kg Champignons
5 EL Olivenöl
2 kleine Zwiebeln
4 Knoblauchzehen
1 Chilischote, geputzt
80 ml Weißwein, trocken
2 EL Weinbrand
2 EL Petersilie
2 EL Oregano
2 TL Thymian, getrocknet
Weißbrot
schwarzer Pfeffer aus der Mühle
Salz

Zubereitung: In einer großen Pfanne das Öl erhitzen und die grob gehackten Zwiebeln darin glasig dünsten. Nun die fein gehackte Chilischote und den fein gehackten Knoblauch hinzugeben und mitdünsten. Inzwischen die Champignons in Scheiben schneiden und mit in die Pfanne geben. Mit Salz und Pfeffer abschmecken, den Thymian hinzugeben und Wein und Weinbrand angießen. Alles etwa 5 Minuten bei mittlerer Temperatur köcheln lassen, dann mit den gehackten Kräutern bestreuen und mit geröstetem Bauernbrot servieren.

Gefüllte Artischockenböden

Alcachofas rellenas

Zutaten: *(für 6 Portionen)*
6 große Artischocken
1 Aubergine
1 Paprika, rot
3 kleine Zitronen
2 kleine Zucchini
2 Tomaten
6 EL Olivenöl
8 Knoblauchzehen
1 TL Oregano
schwarzer Pfeffer aus der Mühle
Salz

Zubereitung: Die Zitronen auspressen und den Saft in eine kleine Schüssel füllen. Die Artischocken von ihren Stielen befreien, dann alle Blätter entfernen und die harten Härchen am Boden mit einem Löffel ausschaben. Die Böden sogleich kurz in den Zitronensaft tauchen. Die Artischockenböden in einen großen Topf geben, ein Drittel des Zitronensaftes darübergeben, 1 Prise Salz hinzufügen und soviel Wasser angießen, bis alle knapp bedeckt sind. Nun den Topf erhitzen und die Böden bei kleiner Hitze am Siedepunkt etwa 15 Minuten garen. Inzwischen die Aubergine, die Paprika und die Zucchini waschen und putzen und die Tomaten würfeln. Die Knoblauchzehen enthäuten, stiften und mit dem zuvor geputzten Gemüse im heißen Olivenöl anbraten. Etwas Pfeffer und Salz sowie den fein gehackten Oregano unterrühren und einige Minuten heiß ziehen lassen, das Gemüse sollte allerdings nicht zerfallen. Anschließend die Gemüsemasse in die auf kleinen Tellern angerichteten Artischockenböden geben, mit etwas Zitronensaft beträufeln und noch warm servieren. Dazu Weißbrot reichen.

Gebackene Zwiebeln

Cebollas asadas

Zutaten: *(für 4 Portionen)*
100 g Ziegenkäse
80 g Manchegokäse
250 ml Fleischbrühe
4 Gemüsezwiebeln
1 Zwiebel
2 Brötchen, altbacken
1 EL Petersilie, gehackt
2 Eigelb
2 EL Olivenöl
1½ TL Chilipulver
schwarzer Pfeffer aus der Mühle
Salz

Zubereitung: Die Brötchen einweichen, ausdrücken und in einer Rührschüssel zerpflücken. Den Ziegenkäse zerdrücken und ebenfalls in die Schüssel geben. Die Gemüsezwiebeln schälen und vorsichtig so weit aushöhlen, bis nur noch etwa 3 äußere „Zwiebelschalen" stehen bleiben. Das Zwiebelinnere fein würfeln und zusammen mit den Zutaten in der Schüssel vermengen. Das Salz, den Pfeffer und das Chilipulver hinzugeben, verrühren und alles in einer Pfanne mit dem Olivenöl kurz anbraten. Anschließend in die Rührschüssel zurückgeben, etwas abkühlen lassen und die Eigelbe sowie die gehackte Petersilie unterheben. Die Masse in die Zwiebeln füllen und diese in eine feuerfeste Form geben. Die Fleischbrühe in die Form gießen und im auf 180 °C vorgeheizten Backofen etwa 30 Minuten garen. Inzwischen den Käse dünn raspeln oder schneiden und auf die Zwiebeln geben. Nochmals 10 Minuten im Backofen belassen, dann heiß servieren. Dazu Reis oder Weißbrot reichen.

Gambas in Knoblauchöl

Gambas en aceite de ajo

Zutaten: *(für 6 Portionen)*
750 g Gambas, geputzt
2 Chilischoten, rot
8 Knoblauchzehen
3 kleine Zitronen
½ Bund Oregano
½ Bund Petersilie
¼ TL Kreuzkümmel
Olivenöl
Pfeffer aus der Mühle
Salz

Zubereitung: Die Knoblauchzehen schälen und in dünne Scheiben schneiden. Die Chilischoten putzen und fein hacken. Das Olivenöl in einer Pfanne erhitzen, die Knoblauchscheiben und die Chilistückchen in die Pfanne geben, 2 Minuten anbraten. Dann die Gambas hinzugeben und weitere 2–3 Minuten unter Rühren weiterbraten, mit dem Zitronensaft ablöschen, gut umrühren und solange weiterkochen, bis der Saft fast verdampft ist. Mit dem Oregano, der Petersilie, dem Kreuzkümmel, Pfeffer und Salz würzen und sofort servieren. Dazu einen trockenen Weißwein reichen.

Gambas mit Knoblauchmayonnaise

Gambas con aioli

Zutaten: *(für 6 Portionen)*
450 g Gambas, frisch
1 Zitrone
3 Knoblauchzehen
2 Eigelb
225 ml Olivenöl
Pfeffer aus der Mühle
Salz

Zubereitung: Die Gambas zunächst waschen, dann etwa 5 Minuten in einem Sieb im Wasserdampf garen, abtropfen und abkühlen lassen. Mit dem Saft einer halben Zitrone sowie Pfeffer und Salz würzen und gut durchheben. Etwa 60 Minuten abgedeckt im Kühlschrank ziehen lassen. Währenddessen die Eigelbe, etwas Salz und 2 EL Zitronensaft in einer Rührschüssel miteinander verrühren und unter stetigem Schlagen mit einem Schneebesen in kleinen Mengen, zuerst nur tröpfelnd, das Olivenöl hinzugießen. Weiterschlagen, bis die Sauce sehr geschmeidig wird. Achtung: Immer in der gleichen Richtung rühren, da das Eigelb ansonsten gerinnen kann. Nun die Knoblauchzehen pressen, unterrühren und mit Salz und Pfeffer abschmecken. Die Mayonnaise zu den kalten Gambas reichen.

Garnelen im Regenmantel

Gambas en gabardinas

„Gambas en Gabardinas“ ist eines der beliebtesten Tapas aus dem Baskenland. Der Name stammt aus der Zeit zu Beginn des 19. Jh., als Napoleon Bonaparte mit der Zustimmung des spanischen Königs mit seinen Truppen durch das Baskenland in Richtung Portugal zog. Mit ihren wasserdichten Regenmänteln schützten sich die französischen Truppen gegen den „Txirimiri", den sprichwörtlichen baskischen Nieselregen, der scheinbar niemals endet.

Zutaten:
(für 6 Portionen)
750 g Garnelen, küchenfertig
3 Knoblauchzehen
2 Zitronen
400–500 ml Olivenöl
50 ml Weißwein
Salz

Teig:
150 g Mehl
5 EL Olivenöl
2 EL Petersilienblätter
250 ml Wasser, warm
2 Eiweiß
Pfeffer aus der Mühle
Salz

Zubereitung: Den Knoblauch schälen und in eine Schüssel pressen, dann etwas Salz und das Öl hinzugeben, gut verrühren, bis das Salz sich aufgelöst hat. Jetzt die Garnelen hineingeben und etwa 2–3 Stunden ziehen lassen. Die Petersilienblätter sehr fein hacken und zusammen mit dem Mehl, dem Öl, dem Salz, dem Pfeffer und dem Wasser zu einem glatten Teig verarbeiten. Den Teig etwa 30 Minuten stehen lassen. Die Garnelen aus dem Öl nehmen und abtropfen lassen, dann das Öl erhitzen und inzwischen das Eiweiß schlagen, bis es steif wird. Dieses unter den Teig ziehen. Die Garnelen in den Teig tauchen und im heißen Olivenöl kurz frittieren, bis der Teig aufgeht. Nun die Garnelen herausheben und das Öl (den Regen) auf einem Küchenkrepp vom „Regenmantel" ablaufen lassen. Dazu dicke Zitronenscheiben und Weißwein reichen.

Garnelen „Asturische Art“

Camarones al estilo asturiano

Zutaten: *(für 6 Portionen)*
900 g Garnelen
500 g Zwiebeln
8 Knoblauchzehen
7 Chilischoten
2 Zitronen
500 ml Olivenöl
150 ml Weißwein
2 Lorbeerblätter
1 Zweig Basilikum
½ Zweig Lavendel
1 Zweig Rosmarin
Pfeffer aus der Mühle
Salz

Zubereitung: Die Zwiebeln und den Knoblauch fein hacken, die Chilischoten putzen und in feine Streifen schneiden. Das Olivenöl in einem großen, hohen Topf bis zum Siedepunkt erhitzen und die Zwiebeln, den Knoblauch, die Chilistreifen und die Garnelen in das Öl geben. Wenn dieses erneut siedet, die Lorbeerblätter, den Basilikumzweig, den Lavendel und die gezupften Rosmarinnadeln hinzugeben und etwa 5 Minuten unter gelegentlichem Rühren garen. Abschließend den Weißwein mit dem Saft der Zitronen mischen und in einem dünnen Strahl in den Topf geben. Gut durchmengen und nach 1–2 Minuten die Garnelen mit einem Schaumlöffel aus dem Topf nehmen und ein wenig abtropfen lassen. Mit Weißbrot servieren.

Oktopus auf galicische Art

Pulpo al estilo gallego

Zutaten: *(für 6 Portionen)*
1,2 kg Oktopus
2 kleine Zwiebeln
2 Lorbeerblätter
2 EL Pfefferkörner, grün
5 Knoblauchzehen
250 ml Olivenöl
Salzwasser
1 EL Paprikapulver
Pfeffer aus der Mühle
Salz

Zubereitung: Den Oktopus unter fließendem Wasser säubern, dabei auch die inneren Organe entfernen. Den Oktopus mit wenigen Tropfen Öl in einen Topf geben und bei mittlerer Hitze ohne Wasser „kochen". Die Flüssigkeit tritt aus dem Oktopus aus, der dann solange gegart wird, bis die Flüssigkeit wieder aufgesogen ist. So viel gesalzenes Wasser hinzugeben, bis der Oktopus damit bedeckt ist. Dann die grob gehackte Zwiebel, die Lorbeerblätter und die grünen Pfefferkörner hinzugeben und alles bei mittlerer Hitze etwa 150 Minuten köcheln lassen, bis das Fleisch weich wird. Dann den Topf beiseitestellen und den Oktopus in der Flüssigkeit erkalten lassen. Anschließend in einem Sieb gut abtropfen lassen. Den Oktopus mit einem sehr scharfen Messer oder einer Geflügelschere in mundgerechte Stücke schneiden und diese in eine Servierschüssel geben. Das Olivenöl mit dem zerpressten Knoblauch und dem Paprikapulver vermischen und darübergeben. Mindestens 60 Minuten im Kühlschrank ziehen lassen, dabei hin und wieder umrühren. Mit Salz und Pfeffer würzen, dazu Weißbrot servieren.

Gebratene Baby-Kalamares

Chipirones

Zutaten: *(für 4 Portionen)*
500 g Baby-Kalamares oder
Baby-Tintenfische (Chipirones)
2–4 Knoblauchzehen, fein gehackt
1 Bund Petersilie, glatt
grobes Salz aus der Mühle
Olivenöl zum Braten

Zubereitung: Die Petersilienblätter vom Stängel zupfen und fein hacken. Die Chipirones waschen, die Haut abziehen, die Tinte herausnehmen und die Chipirones trockentupfen. Das Öl in einer Pfanne erhitzen und die Chipirones darin 1–2 Minuten anbraten. Auf Teller verteilen und mit Salz, dem Knoblauch und der Petersilie bestreut servieren.

Schwertmuscheln

Navajas

Zutaten: *(für 4 Portionen)*
500 g Schwertmuscheln
2 EL Schalotten, fein gehackt
200 g Tomaten
60 ml Weißwein, trocken
2 EL Olivenöl
3 EL Fischfond
1 EL Sherryessig
1 EL glatte Petersilie, gehackt
1 TL Thymian, gehackt
Pfeffer aus der Mühle
Salz

Zubereitung: Die Muscheln säubern. Die Tomaten blanchieren, häuten, halbieren und die Stielansätze mit den Kernen entfernen. Das Fruchtfleisch würfeln. Das Olivenöl in einer Pfanne erhitzen und die Muscheln darin einige Minuten anziehen lassen. Dann die Schalotten mit den Tomaten hinzugeben und anschwitzen. Anschließend mit dem Weißwein und dem Fischfond ablöschen und kurz aufkochen lassen. Mit dem Essig, etwas Salz und Pfeffer kräftig würzen. Die Petersilie und die Thymianblättchen darüberstreuen und servieren.

Frittierte Sardinen

Sardinas fritas

Zutaten: *(für 6 Portionen)*
750 g kleine Sardinen
100 g Sardellen
3 Zitronen
1–2 Tomaten, getrocknet
150 g Mehl
450 ml Olivenöl
2 Zweige Petersilie
1 Msp. Cayennepfeffer
Pfeffer aus der Mühle
Salz

Zubereitung: Die Sardellen waschen, von Kopf und Gräten befreien und zusammen mit der Petersilie und der getrockneten Tomate mit einem Wiegemesser sehr fein hacken. Alles zusammen mit etwas Salz und Cayennepfeffer im Mörser zu einer feinen Paste zerdrücken und beiseitestellen. Nun die Sardinen waschen und mit Küchenkrepp trockentupfen. Die Köpfe entfernen und bei größeren Fischen die Gräten vorsichtig herausnehmen. Einer gewaschenen Zitrone die Schale abreiben und den Saft aus den Hälften ausdrücken. Den Saft mit etwas Salz und Pfeffer mischen, dann die Sardinen damit beträufeln. Nun die Hände kurz mit dem Zitronensaft abreiben und mit einem kleinen Löffel die Sardellenpaste in die Sardinen füllen. Die Sardinen erst in der abgeriebenen Zitronenschale, dann im Mehl wenden und beiseitelegen. Das Olivenöl in einem hohen Topf erhitzen, die Fische von jeder Seite etwa 2 Minuten frittieren, auf Küchenkrepp abtropfen lassen und warm halten. Die restlichen Zitronen achteln und dazu reichen.

Sardellen in Essig

Sardinas en vinagre

Zutaten: *(für 6 Portionen)*
1 kg kleine Sardellen
3 Knoblauchzehen
Olivenöl
Weinessig
2 Bund Petersilie
Pfeffer aus der Mühle
Salz

Zubereitung: Die Köpfe der Sardellen abschneiden, dann die Fische filetieren, die Gräten entfernen und gründlich waschen. Die kleinen Filets mit der Hautseite nach unten in eine flache, große Form (ggf. auch ein kleines Backblech) legen und reichlich mit Salz bestreuen. In ein Rührgefäß etwa 100–200 ml Essig geben, die Knoblauchzehen hineinpressen sowie die entstielten Petersilienzweige hinzugeben. Mit einem Pürierstab alles gut zerkleinern und über den Filets verteilen. Am besten über Nacht im Kühlschrank ziehen lassen, vor dem Servieren mit einigen Tropfen Olivenöl beträufeln.

Stockfischsalat
Ensalada de bacalao

Zutaten: *(für 4 Portionen)*
400 g Fischfilet (Stockfisch)
280 g Tomaten
100 g Oliven, grün und schwarz
2 Knoblauchzehen
100 g Pinienkerne
80 g Rosinen
100 ml Olivenöl
1 EL Balsamicoessig, weiß
Zucker
Pfeffer aus der Mühle
Salz

Zubereitung: Die Stockfischfilets in eine Schüssel geben und mit reichlich Milch bedecken. Einen Teller darauflegen, damit die Filets nicht an der Oberfläche schwimmen. Die Filets am besten über Nacht, mindestens jedoch 10 Stunden in der Milch belassen. Danach gut abtropfen lassen und in mundgerechte Stücke teilen. In einer großen Pfanne etwas Olivenöl erhitzen und die Filetstücke in mehreren Portionen kurz anbraten. Den Knoblauch schälen, fein hacken und in der Pfanne glasig braten. Die Oliven grob hacken und zusammen mit den Pinienkernen und den Rosinen ebenfalls kurz in der Pfanne mit dem Knoblauch anschwitzen. Die Tomaten oben kreuzweise einritzen und mit kochendem Wasser übergießen. Die Haut der Tomaten abziehen, das Fleisch würfeln und mit den Pinienkernen und den Rosinen vermengen. Nun den Balsamico unterrühren und mit Pfeffer und Salz abschmecken. Dazu einen kräftigen Weißwein und Weißbrot reichen.

Thunfischsalat mit Kartoffelstücken

Ensalada de atún con pedasitos de papa

Zutaten: *(für 4 Portionen)*
4 Kartoffeln, festkochend
250 g Karotten
1 große Tomate
1 Dose Thunfisch
2 Knoblauchzehen
5 EL Mayonnaise
½ TL Zitronensaft
1 Bund Petersilie
1 Prs. Pfeffer
1 Prs. Salz

Zubereitung: Die Kartoffeln in ihrer Schale garen, auskühlen lassen und anschließend pellen und in Würfel schneiden. Die Karotten schälen, in dünne Scheiben schneiden und blanchieren. Den Thunfisch abgießen und zerpflücken, dann alle Zutaten miteinander vermengen. Nun aus der Mayonnaise, der gehackten Petersilie, dem fein gehackten Knoblauch, dem Zitronensaft, Salz und Pfeffer ein Dressing mischen und dieses mit dem Salat vermengen. Im Kühlschrank gut 90 Minuten durchziehen lassen.

Thunfisch-Tomaten-Salat

Ensalada de atún y tomate

Zutaten: *(für 4 Portionen)*
2 Dosen Thunfisch, in eigenem Saft
7 EL Bohnen, weiß, Konserve
5 große Tomaten
2 große Zwiebeln
3 Eier

8 EL Tomatenmark
5–6 EL Olivenöl
2 EL Sherryessig
10 EL Gemüsebrühe
Zucker
Pfeffer aus der Mühle
Salz

Zubereitung: Die Eier hart kochen, dann abkühlen lassen. Das Olivenöl mit dem Essig, dem Zucker und dem Tomatenmark verrühren, mit Pfeffer und Salz abschmecken. Die Zwiebeln schälen und in dünne Ringe schneiden, die Tomaten fein würfeln. Die Bohnen aus der Dose nehmen und abtropfen lassen. Alle Zutaten in einer Salatschüssel vermengen und das Dressing hinzugeben, nochmals durchheben. Die Eier achteln und die Stücke vorsichtig unterheben. Den Salat etwa 40 Minuten durchziehen lassen, dann mit frischem Weißbrot servieren.

Keine 100 km mehr bis nach Santiago de Compostela

Tomatensalat „Pamplona“

Ensalada de tomate „Pamplona“

Zutaten: *(für 4 Portionen)*
4 große Tomaten
2 Knoblauchzehen
½ Paprikaschote, rot
2 Frühlingszwiebeln
6 EL Olivenöl
2 EL Weißweinessig
schwarzer Pfeffer aus der Mühle
1–2 TL Meersalz

Zubereitung: Die Tomaten oben kreuzweise einritzen, mit kochendem Wasser übergießen und von der Haut befreien. Dann die Tomaten vierteln, die Kerne entfernen und fein würfeln. Den Knoblauch schälen, die Frühlingszwiebeln und die Paprika putzen und ebenfalls in kleine Würfel schneiden. Alles in eine Schüssel geben und mit dem Salz gut vermengen. Das Olivenöl und den Essig hinzugeben und mindestens 3 Stunden bei Zimmertemperatur durchziehen lassen, dabei gelegentlich umrühren.

Milder Zwiebelsalat

Ensalada de cebolla poco aliñada

Zutaten: *(für 4 Portionen)*
4 Zwiebeln
125 g Oliven, schwarz
1 EL Salz
½ Bund Petersilie
4 EL Sherryessig
5 EL Olivenöl
schwarzer Pfeffer aus der Mühle

Zubereitung: Die Zwiebeln schälen, grob hacken und in eine Schüssel geben. Das Salz unter die Zwiebeln rühren und soviel kochendes Wasser aufgießen, dass die Zwiebelstücke darin schwimmen. Die Zwiebeln 5 Minuten ziehen lassen, dann das Ganze wiederholen. Die Zwiebeln sollten nicht mehr scharf schmecken. Inzwischen die Oliven entsteinen, die Petersilie putzen, waschen und fein hacken. Die Zwiebeln in einem Sieb gut abtropfen lassen und in eine Schüssel geben, dort mit der Petersilie, dem Essig und dem Öl vermengen. Den Salat auf einem Teller anrichten, reichlich Pfeffer darüberstreuen und mit den halbierten Oliven garnieren.

Chorizo-Kichererbsensalat

Ensalada de chorizo y garbanzo

Zutaten: *(für 4 Portionen)*
1 gr. Dose Kichererbsen
8 Stück Chorizo
1 große Zwiebel
5 Knoblauchzehen
1 Bund Koriander
Olivenöl
Sherryessig

Zubereitung: Die Kichererbsen über Nacht in leicht gesalzenem Wasser einweichen, sie dabei mit einem Teller in das Wasser drücken. Die Zwiebel und den Knoblauch schälen, dann alles fein hacken. Die Chorizo-Würste in Scheiben schneiden. Alles in Olivenöl anbraten, bis die Zwiebelstücke beginnen, glasig zu werden. Die Kichererbsen abtropfen lassen und in die Pfanne geben. Etwa 5 Minuten braten lassen und mit Sherryessig ablöschen. Den Koriander waschen, von den Stängeln befreien, grob hacken und unter die Kichererbsen mischen. Der Salat kann warm oder kalt gegessen werden. Bei der kalten Variante sollten die Korianderblättchen erst kurz vor dem Servieren untergemischt werden.

Kantabrische Eier

Huevos cantábricos

Zutaten: *(für 6 Portionen)*
100 g Rinderhackfleisch
5 Eier
3 Paprikaschoten, rot
6 Tomaten
2 kleine Zwiebeln
5 Knoblauchzehen
3 EL Olivenöl
1 TL Chilipulver
Weißbrot
Pfeffer aus der Mühle
Salz

Zubereitung: Das Olivenöl in einer Pfanne erhitzen und das Hackfleisch darin anbraten, bis es beginnt zu krümeln. Nun die Knoblauchzehen schälen und in dünne Scheiben schneiden, die Paprikaschoten waschen, entkernen und in Streifen schneiden. Die Zwiebeln grob hacken und zusammen mit den geachtelten Tomaten in die Pfanne geben. Unter gelegentlichem Umrühren auf kleiner Flamme etwa 35 Minuten dünsten. Nun die Gewürze hinzufügen und gut untermischen. Die Eier in einer Schüssel verquirlen, etwas Salz und Pfeffer hinzugeben und gleichmäßig über das Gemüse gießen. Den Deckel auf die Pfanne legen und die Eiermasse stocken lassen. Mit Weißbrot servieren.

Würzige „Soleier“

Huevo cocido en salmuera

Zutaten: *(für 6 Portionen)*
6 Eier
300 ml Sangrita
Schmand
1 TL Thymian, getrocknet
300 ml Essig
½ TL Tabascosauce
1 EL Pfeffer, grün
1 TL Wacholderbeeren
½ Bund Petersilie
1 Lorbeerblatt
schwarzer Pfeffer aus der Mühle
Salz

Zubereitung: Die Eier hart kochen, pellen und abkühlen lassen. Dann den Sangrita, den Essig, die eingelegten Pfefferkörner, das Lorbeerblatt, den Thymian und die Wacholderbeeren in einen Topf geben, erhitzen und etwa 5 Minuten kochen lassen. Mit Tabasco, Salz und Pfeffer würzen. Die Sauce vom Herd nehmen, abkühlen lassen und im Kühlschrank weiter herunterkühlen. Ein Einmachglas mit kochendem Wasser ausschwenken und die ausgekühlten Eier in das Glas geben. Nun die kalte Sauce über die Eier geben, das Glas gut verschließen und etwa eine Woche durchziehen lassen. Vor dem Servieren die Eier längs durchschneiden und jeweils etwa 1–2 Teelöffel der Brühe über das Eigelb geben, bis dieses vollgesogen ist. Etwa eine Gabelspitze Schmand auf die Eihälften setzen und mit Petersilie dekorieren.

Grüne Eier aus Oviedo

Huevos verdes de Oviedo

Zutaten: *(für 6 Portionen)*
13 Eier
2 kleine Zwiebeln
3 EL Weißbrot, alt
Butter
Mehl
½ Bund Petersilie
½ Bund Oregano
Pfeffer aus der Mühle
Salz

Zubereitung: 12 Eier hart kochen, pellen und etwas abkühlen lassen. Die Eier längs halbieren und das Eigelb aus den Hälften herausnehmen. Die Zwiebeln fein würfeln und in der Butter andünsten, dann das zerdrückte Eigelb, das geriebene Weißbrot und die fein gehackte Petersilie unterrühren und mit Salz und Pfeffer abschmecken. Die Masse glattrühren und die Eihälften damit füllen. In einer Pfanne etwas Butter schmelzen lassen. Das letzte Ei in einer Schüssel mit so viel Mehl verrühren, dass ein dünnflüssiger Teig entsteht. Den Oregano zupfen und sehr fein hacken, dann gleichmäßig in den Teig einrühren, etwas Pfeffer und etwas Salz hinzufügen. Nun die Eierhälften vorsichtig im Teig wenden und sogleich mit der Schnittkante nach unten in die Pfanne geben, herausnehmen, wenn der Teig fest geworden ist, nicht wenden.

Suppen und Eintöpfe

Sopas y Cocidos

Tomatensuppe

Sopa de tomate

Zutaten: *(für 4 Portionen)*
1 kg Tomaten
6–8 kleine Karotten, gehackt
3 Gemüsezwiebeln
4 Knoblauchzehen
1 L Gemüsebrühe
100 ml Rosado (Roséwein)
1 Becher Crème fraîche
Olivenöl
etwas Schnittlauch
schwarzer Pfeffer aus der Mühle
Salz

Zubereitung: Die Gemüsezwiebeln und den Knoblauch schälen, grob hacken und im bereits erhitzten Öl anbraten. Die Karotten und die Tomaten hinzugeben, nochmals alles scharf anbraten und mit der Gemüsebrühe ablöschen. Auf mittlerer Flamme etwa 25–30 Minuten köcheln lassen, dabei verdampfte Flüssigkeit durch den Weißwein ersetzen. Nun den Topfinhalt pürieren, mit Salz und Pfeffer abschmecken und ab jetzt heiß halten, aber nicht mehr kochen lassen. Die Crème fraîche einrühren und vor dem Servieren mit Schnittlauchröllchen und frisch zerstoßenem Pfeffer bestreuen. Dazu Baguette reichen.

Asturische Bohnensuppe

Sopa de frijol de Asturias

Zutaten: *(für 6 Portionen)*
180 g Speck, weiß
150 g Speck, durchwachsen
6 Stück Chorizo, scharf
150 g Bohnen, rot
150 g Bohnen, weiß
500 g Lauch
8 Knoblauchzehen
1 EL Tabascosauce
Gemüsebrühe
Majoran, gerebelt
Paprikapulver
weißer Pfeffer aus der Mühle
Salz

Zubereitung: Am Vorabend die roten und die weißen Bohnen in eine Schüssel mit reichlich Wasser einlegen. Mit einem kleinen Teller alle Bohnen unter Wasser drücken. Den weißen und den durchwachsenen Speck fein würfeln und den Lauch in dünne Scheiben schneiden. In einem großen Topf die weißen Speckwürfel auslassen, leicht pfeffern, den Tabasco hinzugeben und anschließend darin den durchwachsenen Speck ausbraten. Wenn dieser bräunt, die Lauchscheiben hinzugeben, einige Minuten unter Rühren andünsten und dann die Bohnen hinzufügen. Jetzt so viel Gemüsebrühe angießen, dass alles im Topf damit bedeckt ist, dann leicht aufwallen lassen. Nun die Knoblauchzehen in die Suppe pressen, die Chorizo-Würste hineingeben, den Majoran und das Paprikapulver einrühren. Die Suppe auf kleiner Flamme etwa 120 Minuten köcheln lassen, dann mit Salz und Pfeffer abschmecken. Die Bohnen sollten nun weich sein. Dazu Brot und Rotwein reichen.

Mandelsuppe mit Safran
Sopa de almendras con azafrán

Zutaten: *(für 4 Portionen)*
200 g Mandeln
8 Scheiben Toast
6 Knoblauchzehen
1 kleine Chilischote
½ Bund Oregano
1 Bund Petersilie
750 ml Fleischbrühe
6 EL Olivenöl
1 g Safran
weißer Pfeffer aus der Mühle
Salz

Zubereitung: Etwas Olivenöl in eine Pfanne geben und eine der Knoblauchzehen hinzupressen. Die Chilischote putzen und fein hacken, dann ebenfalls in das Öl geben. Die Toastbrotscheiben vom Rand befreien und in kleine Würfel schneiden. Diese nun in das inzwischen erhitzte Öl geben und knusprig ausbraten. Die Brotwürfel mit einem Schaumlöffel herausnehmen und beiseitestellen. Die Knoblauchzehen schälen und zusammen mit den Mandeln in der Pfanne anbraten. Die Petersilie und die Oreganoblättchen hacken und die Hälfte davon mit in die Pfanne geben. Etwa 5 Minuten weiterbraten, dann alles in ein hohes Gefäß geben und mit einem Pürierstab zerkleinern. Etwas Salz, Pfeffer und die Safranfäden hinzugeben. Etwa 100 ml der Brühe angießen und erneut mit dem Pürierstab zu einer gleichmäßigen Flüssigkeit verarbeiten. Alles in einen Topf geben, die restliche Brühe angießen und auf kleiner Flamme etwa 30 Minuten köcheln lassen. Nach dem Kochen etwa die Hälfte der Toastwürfel und die restlichen Kräuter unterrühren, vor dem Servieren die restlichen Brotwürfel auf den Tellern verteilen.

Bauernsuppe
Sopa campestre

Zutaten: *(für 6 Portionen)*
200 g Hammelfleisch
200 g Rindfleisch
100 g Schinken, roh
3 Chorizowürstchen
300 g Erbsen, frisch
175 g Karotten
175 g Kartoffeln
2 Stangen Lauch
1 Zwiebel
2 Knoblauchzehen
1,8 L Fleischbrühe
4 EL Speiseöl
1 Bund Petersilie
1 TL Paprikapulver
Basilikum
Oregano
Thymian
Pfeffer aus der Mühle
Salz

Zubereitung: Das Rindfleisch und das Hammelfleisch würfeln und im heißen Olivenöl anbraten. Die Zwiebel klein schneiden und hinzugeben, solange braten, bis sie glasig wird. Etwas Salz und Pfeffer hinzufügen, das Paprikapulver, das Basilikum, den Oregano und den Thymian unterrühren. Nun die Fleischbrühe aufgießen und die Knoblauchzehen hineinpressen. Die Suppe kräftig aufwallen und auf mittlerer Flamme etwa 20 Minuten kochen lassen. Inzwischen die Kartoffeln und die Karotten würfeln, den Lauch in Scheiben schneiden und alles zusammen mit den Erbsen in die Suppe einrühren. Anschließend alles nochmals 30 Minuten köcheln lassen, dabei gelegentlich umrühren. Kurz vor dem Ende der Garzeit die gewürfelten Chorizowürstchen sowie den gewürfelten Schinken unterrühren, dann mit fein gehackter Petersilie bestreuen.

Spanischer Eintopf

Olla podrida

Zutaten: *(für 4 Portionen)*
½ Suppenhuhn
400 g Chorizos
250 g Rindfleisch
250 g Hammel- oder Lammfleisch
¼ Kopf Weißkohl
250 g grüne Bohnen
250 g Erbsen, gelb
2 Zwiebeln, gehackt
2 Knoblauchzehen, zerdrückt
2 EL Olivenöl
Kümmel
Kerbel, gerebelt
Pfeffer aus der Mühle
Salz

Zubereitung: Die Erbsen über Nacht in einer Schüssel mit reichlich kaltem Wasser einweichen. Am folgenden Tag die Erbsen abgießen und in einem Topf mit 2 Litern Wasser 30 Minuten kochen. Das Öl in einem großen Topf erhitzen und die Zwiebel mit dem Knoblauch darin anrösten. Das Fleisch und die Chorizos in Stücke schneiden, hineingeben und kräftig anbraten. Anschließend die Erbsen mit dem Kochwasser hinzugießen, würzen und bei schwacher Hitze etwa 2 Stunden köcheln lassen. Etwa 15 Minuten vor Ende der Garzeit den Weißkohl und den Sellerie in Streifen schneiden und mit den grünen Bohnen hinzugeben.

Kartoffeleintopf nach Rioja-Art

Cocido de papa al estilo Rioja

Zutaten: *(für 4 Portionen)*
200 g Chorizo
2 kg Kartoffeln
8–10 EL Olivenöl
100 ml Rotwein
1 Zwiebel
2 Knoblauchzehen
1 Tomate
2 TL Paprikapulver
schwarzer Pfeffer aus der Mühle
Salz

Zubereitung: Zuerst die Kartoffeln schälen und in etwa 2–3 cm große Würfel schneiden. Die Zwiebeln und den Knoblauch schälen und fein hacken. Die Tomaten oben kreuzweise einschneiden, mit kochendem Wasser überbrühen, dann enthäuten. Die Kerne entfernen und das Fruchtfleisch pürieren. Den Rotwein in eine Pfanne geben und zusammen mit den Chorizo-Würstchen zum Sieden bringen. Etwa 5 Minuten auf kleinster Flamme sieden lassen, dann die Würstchen herausnehmen und in etwa 1 cm dicke Scheiben schneiden. In einem hohen Topf das Öl erhitzen und darin die Zwiebeln mit dem Knoblauch glasig braten, dann die Chorizo-Scheiben und die Tomate unterrühren. Weitere 3 Minuten garen lassen, bei zu großer Hitze mit dem Rotweinsatz etwas ablöschen, jedoch nicht kochen lassen. Nun die Kartoffeln hinzugeben, die Temperatur erhöhen und alles weitere 3 Minuten anbraten. Anschließend so viel Wasser und den Rest des Rotweinsatzes hinzugeben, bis die Kartoffeln damit bedeckt sind. Salzen und pfeffern, Paprikapulver einrühren. Jetzt alles zum Kochen bringen und bei geringer Hitze etwa 20 Minuten köcheln lassen.

Kichererbsensuppe
Sopa de garbanzo

Zutaten: *(für 6 Portionen)*
300 g Kichererbsen, getrocknet
250 g Chorizo
100 g Karotten
100 g Sellerie
200 g Kartoffeln
100 g Blattspinat, frisch
2 große Zwiebeln
2 Knoblauchzehen
2 L Hühnerbrühe
150 ml Weißwein
6 EL Olivenöl
1 Bund Petersilie, gehackt
1 Lorbeerblatt
2 Blätter Salbei
Muskatnuss, gemahlen
Pfeffer aus der Mühle
Salz

Zubereitung: Am Vorabend die Kichererbsen in reichlich Wasser einweichen. Die Kichererbsen in einem Sieb unter fließendem Wasser abspülen und abtropfen lassen. Die Zwiebeln schälen, grob hacken und in einem großen Suppentopf im Olivenöl anbraten. Dann den in Scheiben gehobelten Knoblauch hinzugeben und unter Rühren weiterbraten. Wenn die Zwiebeln glasig werden, die Brühe angießen und die Kichererbsen zusammen mit dem Lorbeerblatt und dem fein gehackten Salbei hineingeben, verrühren und etwa 60–90 Minuten kochen, bis die Kichererbsen weich sind. Inzwischen die Karotten, die Kartoffeln, den Sellerie und die Chorizo-Würstchen fein würfeln, diese in die Suppe einrühren und weitere 30 Minuten köcheln lassen. Dabei gelegentlich umrühren, damit nichts am Boden anhängt. Verdampfte Flüssigkeit durch den Weißwein ersetzen. Unterdessen den Spinat waschen und fein hacken. Dann den Spinat hinzufügen, weitere 20–30 Minuten köcheln lassen und anschließend mit Pfeffer, Salz und Muskat abschmecken. Vor dem Servieren die fein gehackte Petersilie unterrühren.

Bohneneintopf aus Ezcaray

Cocido de frijoles de Ezcaray

Zutaten: *(für 4 Portionen)*
2 Chorizos
100 g Blutwurst
100 g Bauchspeck, geräuchert
450 g Bohnen, rot
1 kleine Kartoffel
2 kleine Zwiebeln
2 Frühlingszwiebeln
2 Tomaten
1 Paprikaschote, rot
1 EL Mehl
2 L Gemüsebrühe
2 EL Olivenöl
Pfeffer aus der Mühle
Salz

Zubereitung: Die Bohnen über Nacht in kaltem, leicht gesalzenem Wasser ziehen lassen. Die Blutwurst, den Bauchspeck, die Tomaten, die Zwiebeln, die Kartoffeln sowie die geputzte Paprikaschote fein hacken, in einen großen Topf mit dem erhitzten Olivenöl geben und unter stetigem Rühren etwa 3–5 Minuten andünsten. Dann die Gemüsebrühe angießen und die abgetropften Bohnen hinzufügen. Nun alles langsam erhitzen. Wenn die Suppe aufwallt, die in Scheiben geschnittenen Chorizo-Würstchen hinzugeben. Alles etwa 90–120 Minuten garen, bis die Bohnen weich sind. Mit Pfeffer und Salz abschmecken. Die Frühlingszwiebeln in dünne Scheiben schneiden. Olivenöl in einer Pfanne erhitzen und die Scheiben darin kurz anbraten, jedoch nur so viel, dass sie sich nicht verfärben. Solange auf kleiner Flamme unter gelegentlichem Rühren braten, bis die hauchdünnen Ringe beginnen, fest zu werden. Nun die Ringe mit etwas Mehl bestäuben und gut verrühren. Zum Anrichten die Zwiebelröllchen in die Teller geben und die Suppe darübergießen, sofort servieren.

Knoblauchsuppe
Sopa de ajo

Zutaten: *(für 4 Portionen)*
125 g Serrano-Schinken
1 Knoblauchknolle
1 L Fleischbrühe
4 Scheiben Toastbrot
4 Eigelb
50 ml Sahne
3 EL Olivenöl
1 EL Paprikapulver, edelsüß

Zubereitung: Den Knoblauch schälen und in dünne Scheiben schneiden. Die Toastbrotscheiben würfeln und den Serrano-Schinken in kleine Stückchen schneiden. Nun das Olivenöl erhitzen und darin die Brotwürfel, den Schinken und die Knoblauchscheiben anbraten. Wenn alles zu bräunen beginnt, das Paprikapulver einstreuen, durchrühren und mit der Fleischbrühe ablöschen. Alles etwa 20–25 Minuten auf kleiner Flamme köcheln lassen, dann vom Herd nehmen. Die Eier trennen und die Eigelbe in die ein wenig abgekühlte Suppe einrühren. Vor dem Servieren nochmals erhitzen, die Sahne einrühren, aber nicht mehr aufkochen lassen.

Kohlsuppe

Sopa de col

Zutaten: *(für 6 Portionen)*
1 Weißkohl, groß
1,2 Liter Gemüsebrühe
300 ml Weißwein
600 g Bauernbrot
3 Paprikaschoten,rot
4 Tomaten
5 Knoblauchzehen
3 Zwiebeln
150 ml Olivenöl
3 EL Petersilie
2 TL Paprikapulver
½ TL Chilipulver
schwarzer Pfeffer aus der Mühle
Salz

Zubereitung: Den Weißkohl von den äußeren Blättern und vom Stielansatz befreien. Die Paprikaschoten, die Zwiebeln und die Knoblauchzehen putzen, dann alles zusammen mit den Tomaten in Würfel schneiden. Das Brot klein würfeln. Das Olivenöl in einem hohen Topf erhitzen und die Brotwürfel darin anbräunen und beiseitestellen. Die Zwiebeln darin anbraten, den Knoblauch hinzugeben, durchrühren und nach kurzer Wartezeit die Tomaten, die Paprikaschoten und den Weißkohl hinzufügen. Alles bei starker Hitze unter Rühren anbraten, dann das Paprikapulver, das Chilipulver, die sehr fein gehackte Petersilie sowie etwas Salz und Pfeffer hinzugeben. In einem weiteren Topf die Gemüsebrühe zusammen mit dem Weißwein erwärmen und anschließend damit das angebratene Gemüse ablöschen. Jetzt die Suppe bei mittlerer Hitze etwa 10–15 Minuten kochen lassen, die Brotwürfel unterrühren und alles nochmals 15 Minuten bei halb geöffnetem Topf köcheln lassen.

Auf dem Küstenweg

Arme-Leute-Suppe „Migas“

Migas a alentejana

Zutaten: *(für 4 Portionen)*
200 g Weißbrot, altbacken
100 g Speck, durchwachsen
3 Knoblauchzehen
70 ml Olivenöl
1 Chilischote, gehackt
2 TL Paprikapulver

Zubereitung: Das Brot in Würfel schneiden und mit etwas Wasser beträufeln. In eine Schüssel geben, Paprikapulver untermischen und 2 Stunden abgedeckt ruhen lassen. Den Speck in Würfel schneiden, das Öl in einer Pfaffe erhitzen und den Speck darin anrösten. Dann den Knoblauch, den Chili und das Brot hinzufügen und unter Rühren knusprig braten.

Fischsuppe

Sopa de pescado

Zutaten: *(für 4 Portionen)*
16 Gambas, roh
500 g Venusmuscheln, frisch
450 g Kabeljaufilet
3 kleine Zwiebeln
4 Knoblauchzehen
2 Paprikaschoten, rot
550 g Tomaten
50 g Mandeln, gemahlen
1 L Gemüsebrühe
8 EL Sherry, fino
3 EL Zitronensaft

Pilgerherberge in Hontanas

4 EL Olivenöl
1 Lorbeerblatt
1 EL Paprikapulver
½ g Safran
1 Bund Petersilie
Pfeffer aus der Mühle
Salz

Zubereitung: Die Garnelen aus der Schale lösen, putzen und waschen. Den Kabeljau in Stücke schneiden. Die Muscheln mit einer Bürste unter fließendem Wasser gründlich reinigen, jedoch vor dem Verwenden keinesfalls in Wasser legen. Bereits geöffnete Muscheln wegwerfen. Die Zwiebeln und die Knoblauchzehen schälen, dann fein hacken und zusammen mit der gewürfelten Paprika in Olivenöl anbraten. Den Zitronensaft, das Lorbeerblatt, das Paprikapulver, die geriebenen Mandeln sowie die Safranfäden hinzugeben und alles mit der Gemüsebrühe ablöschen.

Kräftig aufkochen lassen, gut umrühren, dann die Hitze etwas reduzieren. Die Fischstücke und die Muscheln zufügen und alles zugedeckt etwa 10 Minuten köcheln lassen. Nun die geschlossenen Muscheln herausnehmen und wegwerfen, die gewürfelten Tomaten und die Gambas mit in die Suppe geben und weitere 7 Minuten köcheln lassen. Den Sherry angießen und mit Pfeffer und Salz abschmecken. Abschließend die fein gehackte Petersilie unterrühren. In jeden Teller 2 Baguettescheiben legen und die Suppe darübergießen. Sofort servieren.

Seeteufelsuppe mit Safran

Sopa de rape y azafrán

Zutaten: *(für 6 Portionen)*
1 kg Seeteufel
2 reife Tomaten, geschält
1 kleine Zwiebel
2 Knoblauchzehen
8 Mandeln
2 L Wasser
2 EL Gemüsebrühe
8 EL Olivenöl
120 g Toastbrot
2 EL Paprikapulver
1 Lorbeerblatt
1 Zweig Oregano
1 Zweig Thymian
Muskatnusspulver
1 g Safran
1 Msp. Chilipulver
Pfeffer aus der Mühle
Salz

Zubereitung: Den Seeteufel gründlich waschen und mit Salz abreiben. Den Fisch enthäuten, nochmals waschen und beiseite stellen. Nun den Kopf des Fisches mit dem Paprikapulver einreiben und zusammen mit dem Safran, dem Lorbeerblatt, einem Zweig Thymian und einem Zweig Oregano in einen Topf legen. Langsam die kalte Gemüsebrühe angießen. Den Topf erhitzen und alles auf kleiner Flamme etwa 30 Minuten zugedeckt köcheln lassen. In einem großen Suppentopf etwas Olivenöl erhitzen und den Seeteufel darin von allen Seiten anbraten. Den Fisch auf den Bauch drehen, die gewürfelten Tomaten sowie die grob gehackten Zwiebeln hinzugeben und zwei gehobelte Knoblauchzehen unterrühren. Alles etwa 5 Minuten schmoren lassen, dann das fein gewürfelte Toastbrot unterrühren. Nun die Fischbrühe aus dem anderen Topf angießen, kurz aufkochen lassen und den Topf vom Herd nehmen. Die restlichen Knoblauchzehen fein hacken und zusammen mit den Mandeln, dem Pfeffer, dem Salz, dem Muskat und dem Chilipulver in einen Mörser geben und zu einer feinen Paste verarbeiten, die anschließend in die Suppe eingerührt wird. Abschließend nochmals alles aufwallen lassen und sogleich servieren. Dazu Toastbrot und Weißwein reichen.

Stockfischsuppe

Sopa de bacalao

Zutaten:

(für 4 Portionen)
350 g Stockfisch
350 g Kartoffeln
3 große Tomaten
1 Knoblauchzehe
½ TL Currypulver
500 ml Fleischbrühe
4 EL Olivenöl
1 Zweig Thymian
1 Bund Petersilie
1 Chilischote
Pfeffer aus der Mühle
Salz

Zubereitung: Den getrockneten Stockfisch in kleine Würfel schneiden. Die Stücke in eine Schüssel geben und 12 Stunden wässern. Dabei etwa dreimal das Wasser austauschen. Anschließend 12 weitere Stunden den Fisch in Milch einlegen. Vor dem Weiterverarbeiten den Stockfisch gut abtropfen lassen. Die Tomaten oben kreuzweise einschneiden und mit kochendem Wasser übergießen. Dann die Haut entfernen, Tomaten entkernen und fein schneiden. Die Kartoffeln schälen, klein würfeln und mit den Fischstückchen vermengen. Die Chilischote putzen und in sehr feine Längsstreifen schneiden. Die Knoblauchzehe in einen Teelöffel Salz drücken, verrühren und zusammen mit den Chilistreifen, dem Currypulver und den Thymianblättchen unter die fein geschnittenen Tomaten rühren. In einer Pfanne etwas Olivenöl erhitzen und die Kartoffel-Fisch-Masse hineingeben. Das Tomatengemisch darübergeben und alles etwa 10–15 Minuten andünsten lassen. Nun in 4 Portionen die Fleischbrühe einrühren, dazwischen immer wieder umrühren, bis sich alles gleichmäßig verteilt hat. Zugedeckt etwa 20 Minuten auf kleiner Flamme köcheln lassen, dann mit Salz und Pfeffer abschmecken. Die Suppe in heiße Teller geben, die Petersilie fein hacken und darüberstreuen, sofort servieren.

Paella

Paella

Paella aus Pamplona
Paella de Pamplona

Zutaten: *(für 4 Portionen)*
1 Huhn
340 g Schweinefleisch
340 g Lamm
330 g Paellareis
1 Paprikaschote, rot
150 g Bohnen, weiß
350 g Bohnen, grün
150 g Erbsen, frisch
5 Knoblauchzehen
2 Tomaten
1 Zitrone
1 EL Petersilie, gehackt
½ g Safranfäden
800 ml Hühnerbrühe
8 EL Olivenöl
2 TL Salz

Zubereitung: Die Paprika putzen, waschen und in Streifen schneiden. Den Knoblauch schälen und zusammen mit der Petersilie fein hacken. Die Tomaten würfeln. Das Fleisch durchweg in etwa 4–5 cm große Stücke schneiden. Das Olivenöl in einer großen Pfanne erhitzen und dabei das Salz darin auflösen, die Paprikastreifen anbraten, wieder herausnehmen und beiseitestellen. Das Fleisch anbraten, bis es von allen Seiten goldgelb erscheint, dann die weißen Bohnen mit in die Pfanne geben. Unter gelegentlichem Rühren 2–3 Minuten mitbraten lassen. Nun den Knoblauch, die Tomaten und die Petersilie mit in die Pfanne geben und unterrühren. Die Gemüsebrühe in einem kleinen Topf erhitzen und die Safranfäden darin auflösen. So viel Brühe in die Pfanne gießen, bis alles damit bedeckt ist. Umrühren und nach dem Aufwallen etwa 5 Minuten garen lassen. Mit Pfeffer und Salz abschmecken. Den Reis einstreuen, nochmals gründlich umrühren und dabei das

Fleisch in der Pfanne verteilen. Ganz nach der Feuchte des Reises noch etwa 15–20 Minuten köcheln lassen, aber nicht mehr umrühren. Gegebenenfalls noch etwas Brühe angießen. Am Ende der Garzeit die Paprikaschoten auf der Paella garnieren, die Pfanne vom Herd nehmen, abdecken und etwa 10 Minuten ruhen lassen. Vor dem Servieren Zitronenachtel auf der Paella verteilen. In den ländlichen Bereichen der Region La Rioja wird diese Paella auch gerne mit Weinbergschnecken zubereitet.

Galicische Paella

Paella gallega

Zutaten: *(für 4 Portionen)*
500 g Tintenfisch (Sepia)
1 Huhn
200 g Gambas
200 g Miesmuscheln
1 Pkg. Erbsen, tiefgekühlt
50–70 g Oliven, grün
Paprika, in Öl eingelegt
1 EL gekörnte Brühe
150 ml Weißwein
Olivenöl
40 g Butter
380 g Reis
1 Msp. Safran

Zubereitung: Das Huhn gründlich waschen und in Stücke teilen. Den Sepia und die Hühnchenstücke in Olivenöl anbraten und, nachdem alles angebräunt ist, die gekörnte Brühe darüberstreuen, den Weißwein angießen und weitere 10–15 Minuten garen. Anschließend Sepia und Hühnchenstücke warmstellen. Den Backofen auf 220 °C vorheizen. Inzwischen in einem weiteren Topf den Reis kochen, dabei aber nicht zu weich werden lassen. In einer großen Pfanne etwa 2 EL Olivenöl und die Butter sanft erhitzen, dann die Safranfäden hinzugeben und zergehen lassen. Nun den Reis in der Pfanne schwenken, bis er durchgehend gelb gefärbt ist. Die Erbsen über Dampf garen, bis sie hellgrün leuchten, und zusammen mit den klein geschnittenen Paprikastücken und den in Scheiben geschnittenen Oliven unter den Reis heben. Die Gambas und das Muschelfleisch unter den Reis mischen und die Hühnchen- und Sepiastücke auf dem glattgezogenen Reis anrichten. Die so präparierte Pfanne für 7–10 Minuten in den vorgeheizten Backofen schieben.

Gemischte Paella

Paella mixta

Zutaten: *(für 4 Portionen)*
300 g Tintenfisch (Sepia)
12–24 Miesmuscheln
500 g Hühnerfleisch
8 Gambas
2 Tomaten
300 g Bohnen, grün
1 Paprikaschote, rot
500 g Reis
1 EL Paprikapulver, edelsüß
Gemüsebrühe
Olivenöl
1 EL Thymianblättchen
½ g Safran
Pfeffer aus der Mühle
Salz

Zubereitung: So viel Olivenöl in die Pfanne geben, dass der Boden bedeckt ist. Dieses nun stark erhitzen und darin einige Minuten die Gambas anbraten, dann herausnehmen und beiseitestellen. Das kleingeschnittene Hühnerfleisch bei etwas reduzierter Temperatur in die Pfanne geben und unter gelegentlichem Wenden goldbraun anbraten. Den kleingeschnittenen Sepia mit in die Pfanne geben und etwa 4 Minuten rösten. Inzwischen die Bohnen und die Paprikaschote putzen, kleinschneiden und die Tomate enthäuten, entkernen und passieren. Das Gemüse mit in die Pfanne geben, wenden und nach einigen Minuten aus der Pfannenmitte schieben. Dort nun die Tomatenmasse hineingeben, etwas anbraten und mit Paprikapulver und Thymian verrühren. Kurz anbraten lassen, dann gut verrühren und so viel Gemüsebrühe angießen, bis der Inhalt der Pfanne nahezu bedeckt ist. Alles aufwallen und etwa 15 Minuten kochen lassen, verdampfte Flüssigkeit nach und nach ersetzen. Den Safran in der Pfanne auflösen, alles verrühren und den Reis einstreuen. So lange köcheln lassen (30–45 Minuten), bis der Reis gegart und das überschüssige Wasser verdampft ist.

Paella nach Bauernart

Paella a la campesina

Zutaten: *(für 6 Portionen)*
1 Huhn
1 Kaninchen
2 große Tomaten
350 g grüne Bohnen
180 g weiße Bohnen
3 Knoblauchzehen
650 g Reis
reichlich Wasser
Olivenöl
3 Zweige Rosmarin
3 EL Paprikapulver
½ g Safran
Pfeffer aus der Mühle
Salz

Zubereitung: Das Huhn in Teile schneiden, dabei die Unterschenkel nochmals teilen. Das Kaninchen ebenfalls zerteilen, dabei Vorder- und Hinterläufe abnehmen und den Hinterlauf nochmals teilen. Je nach Größe den Rücken in 3–4 Stücke schneiden. Öl in einer großen Pfanne erhitzen. Etwa 4 TL Salz unter das Öl mischen. Dann das Fleisch hinzugeben und unter Wenden von allen Seiten gut anbraten. Inzwischen das Gemüse waschen, die grünen Bohnen schneiden und die Tomate enthäuten, entkernen und passieren. Die Tomatenmasse salzen und pfeffern, die Knoblauchzehen hineinpressen und gründlich vermischen. Das angebratene Huhn aus der Pfanne nehmen und warmhalten. In der Pfanne nun das Gemüse etwa 5 Minuten anbraten, dabei zuerst die grünen Bohnen hineingeben. Gelegentlich umrühren. Die Temperatur etwas vermindern, das Paprikapulver mit der die Tomatenmasse hinzugeben und gut verrühren. Paprikapulver kann bei zu hoher Temperatur Bitterstoffe freisetzen. Wenn die Tomatenmasse das Pulver ein wenig angenommen hat, die Temperatur erhöhen, das Fleisch wieder hinzugeben und alles vermischen. So viel Wasser angießen, bis alles knapp bedeckt ist. Anschließend aufkochen und bei mittlerer Temperatur etwa 20 Minuten köcheln lassen. Währenddessen immer wieder verdampftes Wasser ersetzen. Die Safranfäden und etwa 2 TL Salz in der Pfanne verteilen und auflösen. Mehrmals gut umrühren, aufwallen lassen und den Reis gleichmäßig verteilt in die Pfanne einstreuen. Etwa 10 Minuten bei starker Hitze kochen lassen, dann die Hitze so weit reduzieren, dass nur noch kleine Blasen schlagen, und weitere 10 Minuten garen. Gleich nach der Reduzierung der Hitze die gewaschenen und abgeschüttelten Rosmarinzweige sanft in den Reis hineindrücken. Nach dem Ende der Garzeit die Pfanne vom Herd nehmen, mit Aluminiumfolie abdecken und etwa 5–10 Minuten ruhen lassen. Vor dem Servieren die Rosmarinzweige aus der Paella ziehen, mit etwas grob gemahlenem Pfeffer würzen.

Asturische Paella

Paella de Asturias

Zutaten:

(für 4 Portionen)
750 g Schweinefleisch
2 Tomaten
2 kleine Zwiebeln
175 g Erbsen, grün
1 Paprika, rot
1 kleine Chilischote
2 Zitronen
200 g Kichererbsen, eingeweicht
7 Knoblauchzehen
150 ml Olivenöl
200 ml Weißwein
2 Tassen Paellareis
4 Tassen Wasser
1 EL Paellagewürz
½ TL Kreuzkümmel
Pfeffer aus der Mühle
Salz

Zubereitung: Zunächst die Paprika- und die Chilischote putzen und in kleine Streifen schneiden. Das Olivenöl in einer Pfanne erhitzen und die Paprika- und Chilistreifen darin von allen Seiten anbraten. Die Paprikastücke beiseitestellen. Das Fleisch würfeln und ebenfalls in der Pfanne von allen Seiten anbraten, die fein gehackten Zwiebeln, die gewürfelten Tomaten und den grob gehackten Knoblauch hinzufügen und unter gelegentlichem Rühren etwa 5 Minuten köcheln lassen. Anschließend mit dem Weißwein ablöschen. Die Erbsen und die Kichererbsen unterrühren und wieder 5 Minuten auf kleiner Flamme köcheln lassen. Nun den Reis hinzugeben und unter stetigem Rühren das Wasser angießen, dann die Gewürze unterrühren. Bei geringer Hitze etwa 25 Minuten köcheln lassen, bis das Wasser vom Reis aufgesogen ist. Nach dem Ende der Garzeit die Paprikastreifen über der Paella verteilen, die Pfanne vom Herd nehmen, zudecken (Deckel oder Aluminiumfolie) und etwa 12 Minuten ruhen lassen. Vor dem Servieren die Zitronenviertel darüber verteilen. Weißbrot und einen kräftigen Rotwein dazu reichen.

Paella mit Meeresfrüchten

Paella con frutas del mar

Zutaten: *(für 4 Portionen)*
450 g Miesmuscheln
250 g Gambas, ganz
250 g Hähnchenbrustfilet
3 Chorizo à 100 g
2 Paprikaschoten, rot
1 Paprikaschote, gelb
5 Knoblauchzehen
100 g Erbsen, frisch
3 Chilischoten, rot
50–80 ml Sherry
1 große Zwiebel
4 El Olivenöl
200 g Paellareis
280 ml Geflügelbrühe
75 ml Weißwein, trocken
70 g Oliven, schwarz
1 g Safran
schwarzer Pfeffer aus der Mühle
Salz

Zubereitung: Die Muscheln unter fließendem Wasser säubern, aber nicht in Wasser legen. Die Zwiebeln putzen, grob hacken. Die Paprika- und Chilischoten putzen, waschen und in breite Streifen schneiden. Den Knoblauch schälen und hobeln, die Chorizo-Würstchen in einem kleinen Topf im Sherry etwa 10 Minuten anschwitzen. Dabei sollte immer so viel Sherry im Topf sein, dass der Boden gerade bedeckt ist. Dann die Chorizo-Würstchen in Scheiben, das Hühnchenfleisch in kleine Stücke schneiden. Die Chilischoten, die Paprikastückchen und die Knoblauchscheiben im Öl in einem hohen Topf glasig dünsten und zusammen mit den Wurstscheiben und den Erbsen in eine große Pfanne geben. Ebenfalls im hohen Topf das Fleisch anbraten und, wenn dieses allseitig gebräunt ist, mit in die große Pfanne geben. Wieder im großen Topf die Zwiebeln zusammen mit dem Reis andünsten, bis die Zwiebeln glasig sind. Die Geflügelbrühe, den Wein und den Safran untermischen und aufwallen lassen. Etwas Pfeffer und Salz hinzugeben und zusammen mit den Gambas und den

Kathedrale in Santiago de Compostela

Oliven in die große Pfanne geben. Mit einem Holzlöffel die Masse glattziehen und das Muschelfleisch oben auflegen. Die Pfanne mit einem Deckel oder Aluminiumfolie verschließen und im auf 200 °C vorgeheizten Backofen etwa 50–60 Minuten garen. Dann die Folie bzw. den Deckel abnehmen und weitere 10–12 Minuten offen garen, bis die überschüssige Flüssigkeit verdampft und der Reis noch ein wenig körnig ist.

Kartoffelgerichte und Tortillas

Platillos de papa y Tortillas

Salzkartoffeln mit pikanter Sauce

Papas con sal en salsa picante

Zutaten: *(für 4 Portionen)*
1 kg Frühkartoffeln, festkochend
reichlich Meersalz
8 Knoblauchzehen
3 Chilischoten
8 Pfefferkörner, grün
1 Bund Petersilie
½ Bund Koriander
100 ml Balsamico, weiß
220 ml Olivenöl
½ TL Paprikapulver, scharf
1 TL Kümmel
1 Paprikaschote, rot
1 TL Salz

Zubereitung: Die kleinen Frühkartoffeln unter fließendem Wasser gründlich abbürsten, nicht schälen. Die Kartoffeln mit reichlich Wasser in einen großen Topf geben und so viel Salz darin auflösen, dass die Kartoffeln nicht mehr zu Boden sinken. Im Salzwasser garen, dann das Wasser abgießen und die Kartoffeln abdämpfen. Nach dem Abgießen des Wassers den Topf ohne Deckel nochmals auf kleiner Flamme auf den Herd stellen, dabei leicht rütteln, bis die Haut der Kartoffeln runzelig wird und sich eine weiße Salzkruste bildet. (Können die Kartoffeln nicht sofort serviert werden, sollten sie mit einem trockenen Handtuch bedeckt werden, das den Dampf aufnimmt. Bei dieser Methode den Deckel wieder aufsetzen.) Die Chilischoten putzen und in kleine Stücke schneiden. Die Knoblauchzehen schälen und ebenfalls grob zerkleinern. Die Knoblauch- und Chilistückchen zusammen mit den restlichen Gewürzen und dem Essig mit einem Mixer pürieren, bis eine gleichmäßige Masse entstanden ist. Dabei den Essig portionsweise hinzugeben, damit die Masse nicht zu dünnflüssig wird. Den Mixer weiterlaufen lassen und wieder in kleinen Portionen das Öl hinzugeben, bis die Masse eindickt. Die Paprikaschote putzen, waschen und in sehr kleine Würfel schneiden, mit einer Gabel in die Sauce einrühren. Die Sauce mit Pfeffer und Salz abschmecken.

Feurige Bratkartoffeln

Papas salteadas picantes

Zutaten: *(für 4 Portionen)*
800 g Kartoffeln, klein
9 Scheiben Schinken, roh
4 EL Olivenöl
2 Zwiebeln
1 große Tomate
2 Knoblauchzehen
5 Chilischoten
½ TL Kurkuma
Cayennepfeffer
Pfeffer aus der Mühle
Salz

Zubereitung: Die Kartoffeln gründlich abbürsten, jedoch nicht schälen. Zu große Kartoffeln halbieren. Die Chilischoten, den Knoblauch, die Zwiebeln putzen, waschen und in dünne Streifen schneiden. Den Schinken in feine Würfel schneiden. Den Backofen auf 175 °C vorheizen. Das Olivenöl in einer ofentauglichen Pfanne erhitzen und die Kartoffeln etwa 10 Minuten unter stetigem Wenden oder Schwenken braten, dabei etwas Salz, den Cayennepfeffer, das Kurkuma und die Chilistreifen unterrühren. Nun etwa 10 Minuten im Backofen braten. In einem Topf Öl erhitzen und darin die Zwiebeln und die Knoblauchstückchen glasig dünsten, die Schinkenwürfelchen hinzugeben und weitere 4 Minuten unter gelegentlichem Rühren dünsten. Inzwischen die Tomate klein würfeln und dazugeben. Mit Pfeffer, Cayennepfeffer und Salz abschmecken.

Würzige Bratkartoffeln

Papas salteadas condimentadas

Zutaten: *(für 2–4 Portionen)*
2 große Kartoffeln
Olivenöl
2 Eigelbe
2 Knoblauchzehen
Olivenöl
½ Bund Petersilie
weißer Pfeffer aus der Mühle
Salz

Zubereitung: Zunächst die Kartoffeln waschen, schälen und in etwa 1 cm dicke Scheiben schneiden. Das Olivenöl in einer Pfanne erhitzen und die Kartoffelscheiben darin etwa 30 Minuten unter gelegentlichem Wenden garen. Das Öl sollte nicht zu heiß sein. Für die Sauce die Eier trennen und die Eigelbe in eine Rührschüssel geben. Den Knoblauch dazupressen und das Salz hinzugeben. Solange verrühren, bis es sich aufgelöst hat. Nun unter stetigem Rühren langsam Olivenöl einträpfeln lassen, bis die Sauce einzudicken beginnt. Die Knoblauchsauce über die Kartoffeln geben und alles mit der fein gehackten Petersilie bestreuen. Heiß servieren und dazu einen kräftigen Rotwein reichen.

Der „führende" gelbe Pfeil

Tortilla

Tortilla

Zutaten:

(für 4 Portionen)
900 g Frühkartoffeln, festkochend
2 Zwiebeln
8 Eier
400 ml Olivenöl
4 EL Paprikapulver, edelüß
½ TL Chilipulver
1 Bund Petersilie
Pfeffer aus der Mühle
Salz

Zubereitung: Zunächst die Kartoffeln in dünne Scheiben hobeln und in einer Schüssel mit dem Paprikapulver vermengen. Die Zwiebeln schälen und in Ringe schneiden. Das Olivenöl mit etwas Salz in der Pfanne mischen und erhitzen. Die Kartoffelscheiben hineingeben und auf kleiner Flamme etwa 12 Minuten garen, jedoch nicht braun werden lassen. Mit einem Schaumlöffel aus der Pfanne nehmen und beiseitestellen. Die Zwiebeln im Öl anbraten, dann herausnehmen und ebenfalls beiseitestellen. Die Eier in eine große Rührschüssel schlagen und zusammen mit etwas Salz, Pfeffer und dem Chilipulver gründlich verrühren. Nun die Zwiebeln und die Kartoffelscheiben hineingeben und nochmals vermengen. In der Pfanne das übrig gebliebene Öl erhitzen und die Mischung aus der Rührschüssel hineingeben. Bei mittlerer Hitze etwa 7 bis 10 Minuten garen, bis der Pfanneninhalt stockt. Dann einen Teller, der größer als die Pfanne ist, auf die Pfanne legen und die Tortilla darauf stürzen. Die Tortilla wieder in die Pfanne geben und weitere 3 bis 5 Minuten bei reduzierter Hitze fertiggaren. Die Petersilie hacken und darüberstreuen. Dazu einen Rotwein reichen.

Kartoffel-Käse-Tortilla

Tortillas con papas y queso

Zutaten: *(für 4 Portionen)*
4 große Kartoffeln
100 g Manchegokäse
2 Knoblauchzehen
6 Eier
4 EL Olivenöl
½ TL Thymian, gerebelt
Pfeffer aus der Mühle
Salz

Zubereitung: Die rohen Kartoffeln fein reiben und in ein Küchenhandtuch geben, damit unter Drehen auspressen. Die Knoblauchzehen und den Käse ebenfalls fein reiben und mit dem Thymian, dem Pfeffer und dem Salz verrühren. Die Eier hinzugeben und alles gut miteinander vermengen. In einer großen Pfanne das Olivenöl erhitzen und die Eier-Kartoffelmasse darin verteilen. Wenn die Masse stockt und am Rand sich zu verfestigen beginnt, einen großen Teller auf die Pfanne legen und die Tortilla wenden. Dann diese erneut in die Pfanne gleiten lassen und so lange garen, bis sich der Rand wieder zu verfestigen beginnt. Die Tortilla wird kuchenähnlich in Stücke geschnitten und serviert.

Tortilla mit Paprika

Tortillas con pimiento morrón

Zutaten: *(für 4 Portionen)*
150 g Chorizowürstchen
400 g Kartoffeln
1 Zwiebel
1 Paprikaschote, rot
6 Eier
6 EL Olivenöl
1 EL Paprikapulver
1 TL Chilipulver
schwarzer Pfeffer aus der Mühle
Salz

Zubereitung: Die Kartoffeln schälen und in grobe Stücke schneiden. Die Zwiebel schälen und halbieren, die Hälften achteln und die Zwiebelschichten auseinanderdrücken. Die Paprikaschote putzen, waschen und in breite, kurze Streifen schneiden. Das Olivenöl in einer großen Pfanne erhitzen, die Zwiebeln und die Kartoffeln hineingeben und unter gelegentlichem Rühren etwa 18–20 Minuten dünsten. Nach 5 Minuten die Paprikastücke unterrühren, dann etwas Salz, Pfeffer, Chili- und Paprikapulver hinzugeben. Die Zwiebeln und Kartoffeln sollten nun weich bzw. glasig sein, jedoch nicht gebräunt. Den Pfanneninhalt aus der Pfanne in eine Schüssel heben, dabei abtropfen lassen. Das Öl ebenfalls abgießen und beiseitestellen. Während das Gemüse etwas auskühlt, die Chorizowürstchen in dünne Scheiben schneiden und mit dem Kartoffelgemüse mischen. Die Eier verquirlen und untermischen. Etwas Öl in einer Pfanne erhitzen und die Kartoffelmasse in die Pfanne geben, dabei oben glattziehen. Bei mittlerer Hitze stocken lassen. Falls die Tortilla etwas anhängt, diese vom Rand lösen und einen Teller umgekehrt auf die Pfanne legen. Nun die Tortilla stürzen und sogleich wieder mit der gebräunten Seite nach oben in die Pfanne gleiten lassen. Nochmals etwa 4–5 Minuten bei geringer Hitze weiterbraten.

Gemüsetortilla

Tortilla con verduras

Zutaten: *(für 4 Portionen)*
180 g Blumenkohl
180 g Brokkoli
130 g Bohnen, grün
230 g Lauch
4 Tomaten
1 Chilischote
8 Eier
2 EL Butter
schwarzer Pfeffer aus der Mühle
Salz

Zubereitung: Das Gemüse putzen und waschen, dabei den Blumenkohl und den Brokkoli in Röschen teilen. Den Lauch und die Frühlingszwiebeln in dünne Ringe, die Bohnen in kleine Stücke schneiden. In einem großen Topf Salzwasser aufkochen und darin den Brokkoli, den Blumenkohl und die Bohnen etwa 7 Minuten blanchieren. Dabei den Lauch nach 4 Minuten hinzugeben. Das Gemüse mit sehr kaltem Wasser abschrecken und in einem Sieb beiseitestellen. Die Tomaten halbieren, entkernen, in kleine Würfel schneiden und in einem Sieb abtropfen lassen. Die Eier in eine Schüssel geben und mit dem Pfeffer, dem Salz und den fein gehackten Chilistückchen verquirlen. Das Gemüse hinzugeben und alles vorsichtig miteinander vermengen. Die Butter in einer großen Pfanne erhitzen und die Masse hineingeben, bei mittlerer Hitze etwa 15 Minuten stocken lassen.

Champignontortilla

Tortilla con champiñones

Zutaten: *(für 4 Portionen)*
350 g Champignons
700 g Kartoffeln
2 Zwiebeln
2 Knoblauchzehen
Olivenöl
7 Eier
175 ml Milch
Manchegokäse, gerieben
1 TL Paprikapulver
Pfeffer aus der Mühle
Salz

Zubereitung: Das Gemüse putzen bzw. schälen und in sehr feine Scheiben schneiden. Etwas Olivenöl in einer Pfanne erhitzen und das Gemüse darin unter gelegentlichem Rühren dünsten, den Knoblauch kurz vor Ende der Garzeit hineinpressen. Mit Salz und Pfeffer abschmecken und beiseitestellen. In einer Rührschüssel die Eier mit der Milch, dem Käse, etwas Paprikapulver, Salz und Pfeffer verquirlen und unter die Gemüsemasse mischen. Die Pfanne wieder auf den Herd stellen und bei mittlerer Hitze stocken lassen. Nun einen Teller umgekehrt auf die Pfanne legen. Die Tortilla stürzen und sogleich wieder mit der goldgelben Seite nach oben in die Pfanne gleiten lassen.

Tortilla nach Fischerart

Tortillas al estilo del pescador

Zutaten: *(für 4 Portionen)*
500 g Gambas, frisch
½ Zitrone
4 EL Olivenöl
6 Eier
Pfeffer aus der Mühle
Salz

Zubereitung: In einem Topf reichlich gesalzenes Wasser erhitzen und die Gambas etwa 3–4 Minuten darin garen. Mit dem Schaumlöffel herausheben und von den Schalen befreien. Die Gambas ausbreiten und „trockendampfen“ lassen. Die Zitrone auspressen und die warmen Gambas in einer Schüssel darin wenden, bis der Saft nahezu aufgesogen ist. Die Eier mit etwas Salz und Pfeffer verquirlen und zu den Gambas geben, gründlich vermischen. Das Olivenöl in der Pfanne erhitzen und die Masse in die Pfanne geben. Wenn die Masse stockt und die Unterseite sich goldgelb färbt, die Tortilla aus der Pfanne nehmen und sogleich servieren. Dazu Weißbrot und Sekt reichen.

Hauptgerichte mit Fleisch

Plato pricipal con carne

Baskisches Kräuterhuhn

Pollo vasco con hierbas

Zutaten: *(für 4 Portionen)*
1 großes Huhn, etwa 1,5 kg
6 Knoblauchzehen
10 EL Olivenöl
1 Zweig Rosmarin
1 Bund Petersilie
4 Zweige Thymian
2 EL Rosmarin
1 Blatt Salbei
2 TL Chilipulver
Pfeffer aus der Mühle
Salz

Zubereitung: Zunächst die Blättchen von einem Thymianzweig zupfen und den Rosmarin mit dem Salbeiblatt fein hacken. Zusammen mit dem Chilipulver, etwas Salz und Pfeffer und dem Olivenöl verrühren. Das Huhn waschen, trockentupfen und von innen und außen gründlich mit Pfeffer und Salz einreiben. Die übrigen Rosmarin-, Petersilien- und Thymianzweige zusammen mit den geschälten und halbierten Knoblauchzehen in das Huhn hineingeben. Den Backofen auf 175 °C vorheizen. Das Huhn mit dem Ölgemisch bestreichen und in einen Bräter legen, dann im Backofen – je nach Gewicht – 60 bis 90 Minuten braten. Zwischendurch immer wieder mit der Ölmischung bestreichen.

Knoblauchhähnchen

Pollo con ajo

Zutaten: *(für 4 Portionen)*
1 Stück Hähnchen
12 Knoblauchzehen
250 ml Weißwein, trocken
5 EL Olivenöl
2 Lorbeerblätter
1 Bund Petersilie, glatt
1 TL Paprikapulver
Pfeffer aus der Mühle
Salz

Zubereitung: Backofen auf 150 °C vorheizen. Hähnchen in 8 Portionsteile zerlegen. Knoblauch schälen und in Scheiben schneiden. Öl in einem Bräter erhitzen. Hähnchenteile portionsweise hellbraun anbraten. Herausnehmen und mit Salz, Pfeffer und Paprika würzen. Knoblauchzehen im verbliebenen Bratfett bei schwacher Hitze andünsten. Mit Weißwein aufgießen. Lorbeerblätter einlegen und aufkochen. Hähnchenteile wieder in den Bräter legen und zugedeckt im Backofen ca. 40 Minuten garen. Petersilie mittelfein hacken und vor dem Servieren über das Gericht streuen.

Tomaten mit Hähnchenstücken

Tomates con trocitos de pollo

Zutaten: *(für 4 Portionen)*
600 g Hänchenbrustfilet
1 kg Tomaten
80 ml Sherry
100 ml Olivenöl
Pfeffer aus der Mühle
Salz

Zubereitung: Die Filets gründlich waschen, trockentupfen und in lange, dünne Streifen schneiden. Die Tomaten in Scheiben schneiden und mit etwa der Hälfte eine Auflaufform auslegen. Alles mit Pfeffer und Salz bestreuen, dann die Filetstreifen auf dem Tomatenbett verteilen. Jetzt den Rest der Tomaten darübergeben und mit dem Sherry und dem Olivenöl begießen. Mit einer Gabel schwimmende Blätter in die Flüssigkeit drücken und im auf 200 °C vorgeheizten Backofen etwa 40–45 Minuten garen.

Mandelhähnchen

Pollo con almendras

Zutaten: *(für 4 Portionen)*
1 Hähnchen (1,4 kg)
1 Zwiebel
2 Knoblauchzehen
1 EL Mehl
180 ml Hühnerbrühe
180 ml Weißwein
2 EL Honig
50 g Mandeln, gemahlen
2 Eier
4 EL Olivenöl
1–2 EL Zitronensaft
1 Bund Petersilie
1 Lorbeerblatt
1 Msp. Muskatnuss, gemahlen
½ g Safran
schwarzer Pfeffer aus der Mühle
Salz

Zubereitung: Die Zwiebel und die Knoblauchzehen schälen und grob hacken. Die Petersilie von den Stielen befreien und fein hacken. Das Hähnchen gründlich waschen, trockentupfen und in Teile schneiden. Olivenöl in einer großen Pfanne erhitzen und die Fleischstücke darin von allen Seiten goldbraun anbraten. Nun die Knoblauch- und Zwiebelstücke sowie die Petersilie einrühren und so lange weiterbraten, bis die Zwiebeln glasig sind. Das Mehl darüberstäuben und unter stetigem Rühren mit anbraten. Wenn alle Flüssigkeit verdampft ist, mit dem Weißwein ablöschen und sogleich die Hühnerbrühe angießen. Jetzt das Lorbeerblatt, den Honig und den Safran hinzugeben und etwas Muskatnuss darüberreiben. Mit Pfeffer und Salz abschmecken. Alles gründlich verrühren und kräftig aufwallen lassen, dann bei mittlerer Hitze etwa 35 Minuten köcheln lassen. Die Hähnchenteile herausnehmen und im Backofen warmstellen. Die Eier trennen und die gemahlenen Mandeln mit den Eigelben im Mörser zu einer glatten Creme verarbeiten. Die Sauce aus der Pfanne durch ein Sieb in einen Topf geben und dabei mit einem Holzlöffel ein wenig ausdrücken. Nun die Eimischung unter kräftigem Rühren mit in den Topf geben und alles kurz aufkochen, dann bei mittlerer Flamme einreduzieren lassen. Abschließend die Sauce mit Zitronensaft, Salz und Pfeffer abschmecken und über die Hähnchenteile geben, heiß servieren.

Hähnchenspieße

Alambra de pollo

Zutaten: *(für 4 Portionen)*
500 g Hähnchenbrüste
2 Zitronen
4 Knoblauchzehen
1 EL Honig
4 EL Wasser, heiß
1 EL Korianderblätter
1 EL Paprikapulver
½ TL Chilipulver
¼ g Safran
1 TL Pfeffer, gemahlen
2 TL Salz

Zubereitung: Das Wasser in einen Mörser geben und darin die Safranfäden auflösen. Den Knoblauch hineinpressen, das Paprikapulver, den Kreuzkümmel, das Salz, den Pfeffer, den Honig, das Chilipulver und die Korianderblättchen hinzufügen und zu einer Paste verarbeiten. Dann den Zitronensaft hineingeben und wieder weiterverarbeiten. Anschließend die Flüssigkeit in eine Schüssel geben. Das Hähnchenfleisch waschen, trockentupfen und in kleine Stücke schneiden. Diese zum Marinieren in die Schüssel geben und über Nacht im Kühlschrank ziehen lassen. Die Fleischstücke auf Holzspieße stecken und scharf anbraten. Sie können heiß oder kalt serviert werden. Dazu Joghurt reichen.

Kaninchentopf mit Portwein

Olla de conejo con vino de Oporto

Zutaten: *(für 4 Portionen)*
1 Kaninchen
4 Scheiben Speck
4 Scheiben Schinken
5 Knoblauchzehen
350 ml Portwein
Olivenöl
1 Lorbeerblatt
1 TL Oregano
1 Bund Petersilie
½ g Safran
Pfeffer aus der Mühle
Salz

Zubereitung: Den Knoblauch und die Petersilie putzen und hacken. Das Kaninchen waschen, trockentupfen und in Teile schneiden. Den Speck und den Schinken kleinschneiden und zusammen mit den Kaninchenteilen im Olivenöl scharf anbraten. Dann den Knoblauch, die Petersilie, den Oregano, den Safran und das Lorbeerblatt hinzugeben und etwa 5 Minuten schmoren lassen. Den Rotwein angießen und bei niedriger Temperatur etwa 50 Minuten garen. Mit Salz, Pfeffer und etwas Sahne abschmecken. Dazu Weißbrot oder Kartoffeln reichen.

Knoblauchkaninchen

Conejo con ajo

Zutaten: *(für 4 Portionen)*
1 Kaninchen
10 Knoblauchzehen
2 Peperonischoten
250 ml Olivenöl
250 ml Weißwein
1 TL Weinessig
4 Zweige Thymian
1 Bund Petersilie
3 Zweige Rosmarin
1 EL Paprikapulver
Pfeffer aus der Mühle
Salz

Zubereitung: Am Vortag das Kaninchen waschen, trockentupfen und in Teile schneiden. Die Knoblauchzehen und die beiden Peperonischoten putzen und grob hacken. Sämtliche Zutaten nun nach und nach in einen Mörser geben und nach jedem Hinzugeben zu einer glatten Paste verarbeiten. Die Kaninchenteile in eine Schüssel legen und die Marinade darüber verteilen. Eine Frischhaltefolie daraufdrücken und einen Tag in den Kühlschrank legen. Am Folgetag die Kaninchenteile aus der Marinade nehmen und scharf anbraten. Dann die Marinade darübergeben, den Deckel aufsetzen und alles bei mittlerer Temperatur etwa 30 Minuten garen. Hin und wieder umrühren. Dazu Kartoffeln reichen.

Kaninchen nach Bauernart

Conejo a la campesina

Zutaten: *(für 4 Portionen)*
1 Kaninchen (2 kg), in Teile geschnitten
100 g Serranoschinken
1 Zwiebel
125 g Champignons
200 g Tomaten
40 g Oliven, schwarz
175 ml Gemüsebrühe
250 ml Rotwein
5 EL Olivenöl
1 Knoblauchzehe, gehackt
20 g Mehl
Pfeffer aus der Mühle
Salz

Zubereitung: Das Kaninchen mit Pfeffer und Salz würzen. Etwas Olivenöl in einer großen Pfanne erhitzen und die Kaninchenteile darin von allen Seiten anbraten. Die Zwiebeln schälen, zusammen mit dem gewürfelten Speck in die Pfanne geben und einige Minuten braten. Dann mit dem Rotwein ablöschen und die Gemüsebrühe angießen. Den Knoblauch zum Fleisch geben. Den Deckel auf die Pfanne setzen und alles bei mittlerer Hitze etwa 45 Minuten schmoren lassen. Die Champignons in Scheiben schneiden. In einer Pfanne etwas Olivenöl erhitzen und die Champignons darin bräunen. Die Tomaten oben kreuzweise einschneiden, mit kochendem Wasser überbrühen und von der Haut befreien. Das Fruchtfleisch würfeln und dabei die Kerne entfernen. Das Fleisch aus der Pfanne nehmen und warmstellen. Die Sauce mit etwas Mehl binden und die Tomatenstücke, die Champignonscheiben und die Oliven hinzugeben. Alles gut verrühren und mit Pfeffer und Salz abschmecken. Nun wieder das Fleisch hinzufügen und zugedeckt weitere 5–7 Minuten köcheln lassen. Dazu Brot und einen kräftigen Rotwein reichen.

Pilgerkaravane auf dem französischen Jakobsweg

Kalbsbraten „Der Kardinal“

Asado de ternero „El cardenal“

Zutaten: *(für 6 Portionen)*
1½ kg Kalbsbraten
250 ml Hühnerbrühe
2 kg Karotten
1 große Zwiebel
1 Bund Thymian, gehackt
½ Bund Oregano, gehackt
3 Lorbeerblätter
schwarzer Pfeffer aus der Mühle
Salz

Zubereitung: Zunächst die Zwiebeln schälen und in Ringe schneiden. Die Karotten putzen und in etwa 3 cm lange Stücke schneiden. In einem großen Topf das Olivenöl stark erhitzen und darin die Zwiebeln mit dem Kalbfleisch kräftig anbraten. Dann die Karottenstücke und die Kräuter hinzugeben. Die Brühe angießen und alles 90 Minuten zugedeckt garen lassen. Abschließend mit Pfeffer und Salz abschmecken und dazu Kartoffeln reichen.

Kalbsfilet kurzgebraten mit Sardellen

Solomilla a la plancha con anchoas

Zutaten: *(für 4 Portionen)*
4 Kalbsfilets (à 130 g)
4 Sardellenfilets in Öl
400 g Kirschtomaten
1–2 Zweige Pfefferminze
4 EL Butter
5 EL Olivenöl
1 TL Paprikapulver, scharf
Salz

Zubereitung: Die weiche Butter mit dem Paprikapulver in einer Schüssel verrühren. Dann zu einer Rolle formen, in Aluminiumfolie wickeln und 10 Minuten in das Gefrirrfach geben. Die Tomaten halbieren. Das Öl in einr Pfanne erhitzen, die Tomaten darin 5 Minuten kochen und salzen. In einer weiteren Pfanne Öl erhitzen und die Kalbsfilets von jeder Seite 2 Minuten anbraten. Dann die Filets auf die Teller geben. Mit einer Scheibe Paprikabutter, einer Sardelle und den Pfefferminzblättern garnieren. Die gekochten Tomaten um das Fleisch legen und servieren.

Nieren in Sherrysauce

Riñones en salsa de jerez

Zutaten: *(für 4 Portionen)*
500 g Kalbsnieren
3 kleine Zwiebeln
1 Knoblauchzehe
6 EL Olivenöl
300 ml Buttermilch
50 ml Sherry, trocken
50 ml Fleischbrühe
1 TL Mehl
2 EL Petersilie, gehackt
schwarzer Pfeffer aus der Mühle
Salz

Zubereitung: Den Knoblauch schälen und pressen, die Zwiebeln sehr fein würfeln. Die Nieren unter fließendem Wasser gründlich reinigen, mit Küchenkrepp abtupfen und in kleine Würfel schneiden. In einen Topf mit ganz leicht gesalzener Buttermilch geben. Je nach Gefäß so viel Buttermilch angießen, dass die Nieren damit bedeckt sind. Etwa 1 Stunde ziehen lassen, dann in einem Sieb abtropfen lassen. Etwas Olivenöl in einer Pfanne stark erhitzen, 1 TL Salz hineingeben und die Nierenstücke darin anbraten. Mit Salz und Pfeffer würzen, nochmals wenden und aus der Pfanne nehmen. Jetzt mit dem Sherry den Bratensatz lösen, wieder kräftig aufwallen lassen und die Nierenstücke in die Pfanne geben. Die Flamme abschalten und zugedeckt beiseitestellen. In einem weiteren Topf das restliche Olivenöl erhitzen, die Zwiebelstücke und den Knoblauch darin glasig dünsten und mit einem Sieb das Mehl einstäuben. Alles gut verrühren und die Geflügelbrühe angießen. Nun vorsichtig aufkochen und unter Rühren köcheln lassen, bis die Sauce eindickt. Dann die gehackte Petersilie einrühren und den Inhalt des ersten Topfes dazugeben. Alles nochmals aufkochen und bei geringer Hitze 2 Minuten köcheln lassen. Mit Salz und Pfeffer abschmecken, heiß servieren.

Lammkoteletts mit Knoblauch

Chuletas de cordero con ajo

Zutaten: *(für 4 Portionen)*
8 Lammkoteletts
4 Knoblauchzehen
2 TL Rosmarinnadeln
3 EL Olivenöl
1 Zweig Thymian
1 Zweig Oregano
1 Zweig Basilikum
40 g Butter
3 TL Pfefferkörner, schwarz
3 TL Meersalz

Zubereitung: Die Pfefferkörner, das Meersalz und die Rosmarinnadeln in einem Mörser zu einem feinen Pulver mahlen. Das Olivenöl in einer Pfanne erhitzen und die Lammkoteletts von jeder Seite 2 Minuten anbraten, dann herausnehmen und mit der Gewürzmischung bestreuen, andrücken und beiseitestellen. Den Knoblauch schälen, hacken und in einer Schale mit den gehackten Kräutern vermengen. Den Backofen auf 200 °C vorheizen. Ein

Stück Aluminiumfolie auf einem Backblech ausbreiten, das groß genug ist, alle Koteletts damit einzuschlagen. Die Butter schmelzen und die Folie damit bestreichen. Jetzt die Koteletts auf die Folie geben, die Kräutermischung darüberstreuen. Nun die Folie über das Fleisch legen, andrücken und die Ränder gut verschließen. Das Blech in den Ofen geben und etwa 7 Minuten garen, dann die Folie entfernen und die Koteletts servieren.

Koteletts mit schwarzen Oliven

Chuletas con olivas negras

Zutaten: *(für 4 Portionen)*
4 Koteletts
4 Tomaten
2 EL Oliven, grün
180 ml Rotwein
2 Knoblauchzehen
2 EL Thymianblätter
1 Msp. Chilipulver
1 TL Paprikapulver
Olivenöl
Pfeffer aus der Mühle
Salz

Zubereitung: Etwas Olivenöl in einer großen Pfanne erhitzen, etwas Salz, Pfeffer und Chilipulver hineingeben und darin die Koteletts anbraten. Im Ofen abgedeckt warmhalten. Die Tomaten und die Oliven kleinschneiden, dabei die Kerne entfernen. Den Knoblauch pressen und alles in der Pfanne andünsten. Die Thymianblättchen einstreuen, nach einigen Minuten den Rotwein hinzugießen und schmoren lassen. Abschließend mit etwas Chili- und Paprikapulver würzen. Mit Salz und Pfeffer abschmecken. Heiß servieren und dazu Kartoffeln und Rotwein reichen.

Kartoffelauflauf mit Koteletts

Gratinado de papa con escalope

Zutaten: *(für 6 Portionen)*
6 Schweinekoteletts
50 g Speck, weiß
1½ kg Kartoffeln
3 Zwiebeln
2 Bund Petersilie
600 ml Wasser
1 EL Paprikapulver
1 EL Chilipulver
2 TL Pfefferkörner
Mehl
Pfeffer aus der Mühle
Salz

Zubereitung: Das Paprika- und Chilipulver, die Pfefferkörner und Salz in einem Mörser zu einem feinen Pulver verarbeiten. Ohne Zugabe von weiterem Fett den Speck auslassen. Die Schweinekoteletts mit der vorbereiteten Würzmischung einreiben und von beiden Seiten mit Mehl bestäuben. Die Koteletts in einer Pfanne kräftig anbraten, wenden, nach einigen Minuten aus der Pfanne nehmen und warmstellen. Die Kartoffeln schälen und in Scheiben schneiden. Die Zwiebeln und die Petersilie hacken und beiseitestellen. Einen Esslöffel des Bratfetts aus der Pfanne in einen Bräter geben und diesen damit ausstreichen. Etwa die Hälfte der Kartoffelscheiben hineingeben, die Hälfte der Zwiebeln, etwas Salz und Pfeffer darüber verteilen, dann die Petersilie darüberstreuen. Hierauf die restlichen Zwiebeln verteilen, wieder würzen, dann die restlichen Kartoffeln glatt anschichten. Die gekörnte Brühe mit dem Wasser verrühren und in den Bräter geben. Diesen mit dem Deckel schließen und im auf 200 °C vorgeheizten Backofen etwa 50 Minuten garen. Jetzt den Deckel abnehmen und nochmals etwa 30 Minuten bräunen lassen. Etwa 10 Minuten vor Ende der Bratzeit die Koteletts obenauf legen und kurz miterwärmen.

Spanferkel aus dem Ofen

Lechón al horno

Zutaten:

(für 4 Portionen)
1 Ferkel (5,5 kg)
280 g Schweineschmalz
5 Limetten
40 g Walnüsse
1 L Weißwein, trocken
1½ Bund Petersilie
½ Bund Korianderblätter
4 EL Pfefferkörner, schwarz
6 EL Paprikapulver
2 Chilischoten, rot
180 ml Olivenöl
35 Knoblauchzehen
230 g Salz

Zubereitung:

Das Ferkel gründlich reinigen, von innen und außen mit dem Schweineschmalz einreiben und kräftig einsalzen. Die Fettpfanne des Backofens auf unterster Schiene einschieben, in darüberliegender Schiene den Rost einschieben und das Ferkel darauf platzieren. 750 ml des Weines in die Pfanne gießen und das Spanferkel 2 Stunden im bereits auf 200 °C vorgeheizten Backofen braten. Nach einer Stunde mit dem Satz aus der Fettpfanne übergießen. Inzwischen mit einem Mörser – keinesfalls mit einer Maschine – die Petersilie, die Korianderblätter, die gehackten Walnüsse, die grob gehackten Chilischoten, den Knoblauch, die Pfefferkörner, das Paprikapulver, 250 ml Wein sowie den Saft der Limetten zu einer feinen Paste verarbeiten. Die Streichfähigkeit mit Olivenöl abstimmen. Nach dem Ende der Garzeit die Paste auf das Ferkel streichen. Nun weitere 2 Stunden im Backofen braten, herausnehmen und testen, ob das Spanferkel gar ist. Wenn nicht, den Vorgang im 15-Minutentakt wiederholen.

Pikante Päckchen

Paquetitos picantes

Zutaten: *(für 4 Portionen)*
4 Schnitzel (à 150 g)
100 g Serranoschinken, in sehr dünnen Scheiben
2 Zitronen
1 Bund Spinat
1 Bund Suppengrün
1 Zwiebel
2 Chilischoten
2 Knoblauchzehen
200 g Oliven, schwarz
3 EL Olivenöl
250 ml Brühe
250 ml Weißwein, trocken
30 g Butter
Muskatnuss, gemahlen
Pfeffer aus der Mühle
Salz

Zubereitung: Den Spinat gründlich putzen, waschen und kurz in gesalzenem Wasser blanchieren, danach unter kaltem Wasser abschrecken und beiseitelegen. Die Schnitzel waschen, trockentupfen und mit einem Fleischhammer möglichst dünn und breit klopfen. Leicht salzen und kräftig pfeffern. Die Schinkenscheiben auf die Schnitzel legen und darauf eine Lage Spinatblätter geben. Etwas Muskatnuss darüberreiben. Den restlichen Spinat grob und ungleichmäßig hacken, beiseitestellen. Jetzt die Zwiebel schälen, würfeln und zusammen mit dem gehackten Knoblauch und den

Pilgern in der Extremadura-Camino Via de la Plata

Chilischoten in einer Pfanne mit Olivenöl andünsten, dann den gehackten Spinat einrühren und mit Salz, Pfeffer und Muskatnuss abschmecken. Nun den Deckel auf die Pfanne setzen und etwa 10 Minuten köcheln lassen. Etwas Zitronensaft hinzugeben. Die Oliven entsteinen, hacken und auf der Spinatschicht verteilen. Die Schnitzel vorsichtig aufrollen und mit Küchengarn dicht verschnüren, sodass nichts herausfallen kann. In einer großen Pfanne Olivenöl so erhitzen, dass es zu rauchen beginnt, die Schnitzelpäckchen hineingeben und von allen Seiten anbraten. Das Suppengrün putzen und sehr fein würfeln, mit in die Pfanne geben und braten, bis es beginnt, weich zu werden. Immer wieder etwas Brühe angießen. Die Gemüsewürfel sollten auf hoher Temperatur rösten, jedoch nicht anbrennen. Wenn das Gemüse weich ist, die restliche Brühe und den Wein angießen, den Deckel aufsetzen und mit den Schnitzelpäckchen 20 Minuten auf kleiner Flamme köcheln lassen. Die Schnitzelpäckchen herausnehmen, warmstellen und die Sauce aufwallen lassen, dann mit etwas Butter pürieren. Die Päckchen vom Küchengarn befreien, auf einer Servierplatte anrichten und in dünne Scheiben schneiden. Etwas Sauce angießen und servieren. Dazu Salzkartoffeln reichen.

Hackfleischbällchen

Albóndigas

Zutaten: *(für 6 Portionen)*
750 g Hackfleisch
½ Paprikaschote
3 Zwiebeln
3 Knoblauchzehen
30 g Pinienkerne
1 Ei
4 EL Olivenöl
1 Brötchen
½ TL Pfeffer, schwarz
250 ml Weißwein
1½ TL gekörnte Brühe
Petersilie, gehackt

Zubereitung: Das Weißbrot in Wasser einweichen, dann ausdrücken und zusammen mit dem Hackfleisch, der gehackten Petersilie, dem gepressten Knoblauch, dem Ei sowie den Pinienkernen zu einer formbaren Masse verarbeiten. Daraus kleine Hackfleischbällchen von etwa 4–5 cm Durchmesser formen, diese in Mehl rollen, bis sie ganz damit bedeckt sind, und in einer großen Pfanne portionsweise scharf anbraten. Die Zwiebeln entweder auf einer Küchenreibe oder im Mixer zu einer glatten Masse ohne Stückchen verarbeiten. Das Stück Paprikaschote fein hacken. Olivenöl in einem kleinen Topf erhitzen und darin unter Rühren die Zwiebelmasse anbraten, bis diese sich goldgelb verfärbt. Nun für 3 Minuten die Paprikastückchen mitbraten, mit dem Wein ablöschen, die gekörnte Brühe und das Lorbeerblatt hinzufügen, gründlich durchrühren und die Hackfleischbällchen dazugeben. Jetzt alles etwa 45 Minuten auf kleinster Flamme köcheln lassen. Mit Weißbrot servieren.

Hackfleischbällchen mit Sherry-Tomatensauce
Albóndigas en salsa de tomate y jerez

Zutaten: *(für 4 Portionen)*
600 g Hackfleisch
2 Chilischoten, rot
1 Gemüsezwiebel
4 große Tomaten
2 Knoblauchzehen
2 Eier
1 Brötchen
100 ml Sherry, trocken
200 ml Milch
200 ml Gemüsebrühe
3 EL Öl
2 EL Mehl
2 Bund Petersilie
½ TL schwarzer Pfeffer
Salz

Zubereitung: Das alte Brötchen in der Milch einweichen. Die Tomaten heiß überbrühen, die Haut abziehen, das Fruchtfleisch kleinschneiden und durch ein Sieb passieren. Die Chilischoten putzen, waschen und sehr fein hacken. Nun die Zwiebeln schälen, fein würfeln und die Hälfte davon in etwas Olivenöl in einer Pfanne anbraten. Wenn die Zwiebeln beginnen, glasig zu werden, etwas Mehl darüberstäuben und mit der Geflügelbrühe, den passierten Tomaten und der Hälfte des Sherrys ablöschen. Nun die Knoblauchzehen hineinpressen und alles etwa 20 Minuten auf kleiner Flamme köcheln lassen. Inzwischen das Brötchen kräftig ausdrücken und zusammen mit dem Hackfleisch, den fein gehackten Chilischoten, den übrigen Zwiebeln, den Eiern sowie dem restlichen Sherry, etwas Salz und etwas Pfeffer in einer Schüssel zu einer formbaren Masse bereiten. Daraus kleine Kugeln formen und diese im restlichen Olivenöl bei mittlerer Temperatur portionsweise braten und beiseitestellen. Abschließend die Hackbällchen in die Sherry-Tomatensauce geben und etwa 7 Minuten schmoren lassen. Inzwischen die Petersilie grob hacken und vor dem Servieren darüberstreuen. Dazu Kartoffeln und Salat reichen.

Lammwürfel mit Zitrone

Cubitos de cordero con limón

Zutaten: *(für 6 Portionen)*
1,2 kg Lammschulter
3 Zwiebeln, gehackt
6 Knoblauchzehen
150 ml Olivenöl
2 Zitronen
1 Bund Petersilie, gehackt
2 TL Paprikapulver
1 Msp. Chilipulver
28 Pfefferkörner, schwarz
Salz

Zubereitung: Die Zwiebeln und den Knoblauch schälen und grob hacken. Die Pfefferkörner zerstoßen und die Petersilie hacken, dann beiseitestellen. Das Lammfleisch waschen, trockentupfen und würfeln, in einer großen Pfanne im Olivenöl ringsherum anbraten. Sobald das Fleisch bräunt, mit dem Saft einer Zitrone ablöschen und das Fleisch darin wenden, bis der Saft nahezu verdampft ist. Nun die Zwiebel- und Knoblauchstücke hinzufügen und mit anbraten. Die Pfefferkörner, Salz, Paprika- und das Chilipulver, den Saft der anderen Zitrone sowie die Petersilie einrühren. Abschließend die Pfanne mit einem Deckel verschließen und bei niedriger Temperatur etwa 35 Minuten köcheln lassen.

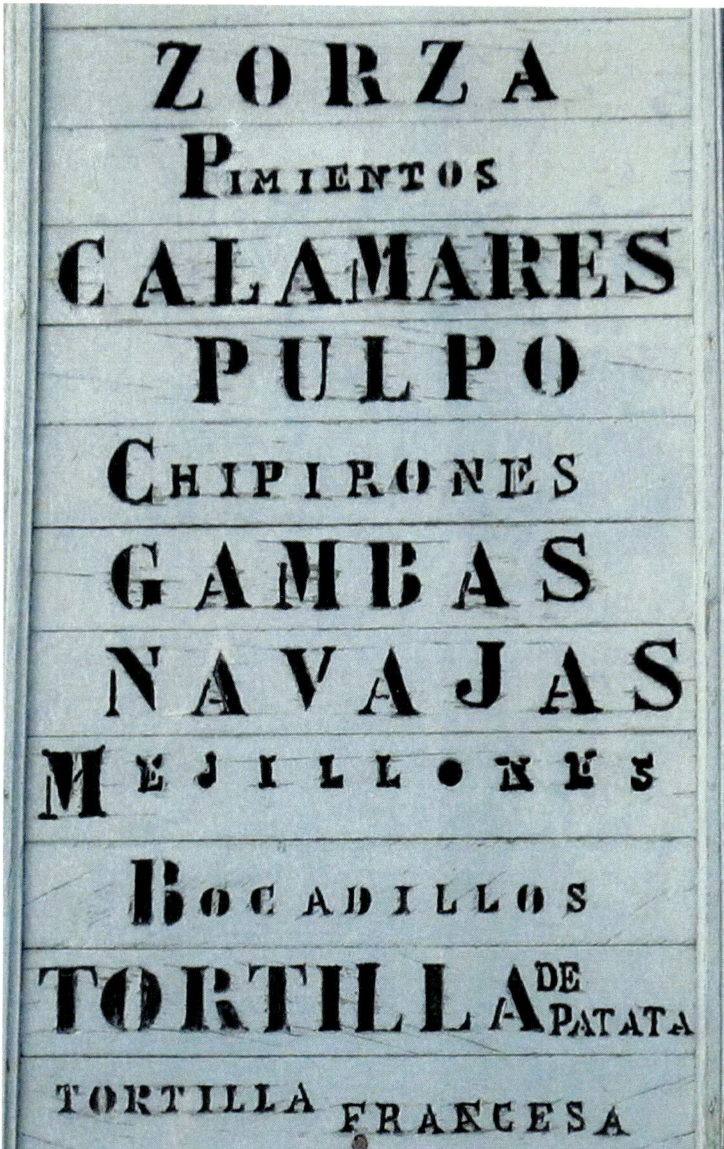

„Speisenkarte" in Finisterre

Móvil
N.º 1213
Pescados y
J.A.
Telf: 981 74 54 87

Hauptgerichte mit Fisch, Tintenfisch & Meeresfrüchten

Plato pricipal con Pescado, Pulpo y Calamares, Almejas y crustáceos

Paprikaschoten mit Seehechtfüllung

Vainas de pimiento morrón rellenas de merluza

Zutaten: *(für 4 Portionen)*
500 g Seehecht
3 Paprikaschoten, rot
100 g Käse
Milch
100 g Butter
3 EL Butter
100 g Mehl
2 EL Sherry, fino
Paprikapulver
Pfeffer aus der Mühle
Salz

Zubereitung: Einen großen Topf mit Salzwasser aufsetzen und zum Kochen bringen. Die Paprikaschoten im Ganzen in den Topf geben, die Hitze etwas reduzieren und in etwa 5 Minuten weichkochen. Mit einem Schaumlöffel die Schoten aus dem Topf nehmen und abkühlen lassen. Nun den Deckel der Paprikaschoten abschneiden und das Innere herausnehmen. Etwas Butter schmelzen und die Paprikaschoten von innen damit ausstreichen. Den Backofen auf 200 °C vorheizen. Die Milch in einen Topf geben, kurz aufwallen lassen und sofort vom Herd nehmen. Den Fisch filetieren, in eine Auflaufform geben und mit so viel Milch übergießen, dass dieser damit bedeckt ist. Nun die Form für 15 Minuten in den Backofen geben, dann den Fisch herausnehmen und beiseitestellen. Die Butter in einem kleinen Topf schmelzen, das Mehl unter Rühren einstreuen und die Sauce mit Sherry, Paprikapulver, Pfeffer und Salz abschmecken. Unter Rühren erhitzen und köcheln lassen, bis eine sehr sämige Sauce entsteht. Den Käse mit einem Sparschäler in Streifen schneiden. Nun den Fisch in Stücke schneiden und in den aufgeschnittenen Paprikaschoten verteilen. Die Sauce darübergießen und die Käsestreifen darauf verteilen.

Die Deckel wieder auf die Paprikaschoten legen und in einer ausgebutterten Form nochmals 15 Minuten in den Backofen geben.

Frittierte Seehechte
Merluza frita

Zutaten: *(für 4 Portionen)*
800 g Seehechte, klein
100 ml Milch
1 Zitrone
Mehl
Olivenöl
Paprikapulver
1 TL Salz

Zubereitung: Die Seehechte zunächst putzen, waschen und trockentupfen. Die Fische mit Salz und Paprikapulver einreiben und in einer flachen Schüssel verteilen. Gut 10 Minuten im Kühlschrank ruhen lassen, dann so viel Milch angießen, bis alle vollständig damit bedeckt sind. Die Schüssel in den Kühlschrank geben und etwa 20 Minuten ziehen lassen. Nun die Seehechte aus der Milch nehmen, abtropfen lassen und in Mehl wenden. In einer großen Bratpfanne oder einem hohen Topf etwa 2 Finger hoch Olivenöl zugießen und bis zum Siedepunkt erhitzen, es sollte nicht zu heiß sein. Nun portionsweise die Fische mit einem Schaumlöffel in das siedende Öl heben und goldbraun frittieren. Die Fische herausnehmen, auf Küchenkrepp abtropfen lassen und in einer irdenen Schüssel heißhalten. Dazu Zitronenviertel und trockenen Weißwein reichen, auch Knoblauchmayonnaise eignet sich zu diesem Gericht.

Aal in Paprika-Mandelsauce

Anguila en salsa de pimiento morrón y almendras

Zutaten: *(für 4 Portionen)*
1¼ kg Aale
2 Knoblauchzehen
2 EL Mandeln, gehobelt, geröstet
3 EL Mandeln, gestiftet
2 TL Paprikapulver
100 ml Öl
30 ml Sherry
½ Bund Petersilie
5 Fäden Safran
500 ml Wasser, heiß
Salz

Zubereitung: Die Petersilie, die gehobelten Mandeln, die Knoblauchzehen fein hacken und in einem Mörser zusammen mit einigen Tropfen Öl und dem Safran zu einer glatten Paste verarbeiten. Die Aale mit reichlich Salz einreiben und einige Minuten stehen lassen. Dann die Aale waschen und putzen, enthäuten und die Gräten herausnehmen, in etwa 5 cm große Stücke schneiden, Kopf und Schwanz entfernen. In einer großen Pfanne das Öl erhitzen und das Paprikapulver mit den Mandelsplittern einen kurzen Moment anbraten, doch sogleich mit dem Sherry ablöschen. Die Mischung einige Minuten kochen lassen, dann das Wasser hinzugießen und aufwallen lassen. Die Aalstücke in die Pfanne geben und die Würzpaste einrühren, nach dem Garen gut abtropfen lassen und mit Weißbrot servieren.

Forelle im Serranomantel

Chile serrano con relleno de trucha

Zutaten: *(für 4 Portionen)*
4 Forellen
7 Scheiben Serranoschinken
2 Frühlingszwiebeln
2 Knoblauchzehen
4 Oliven, grün
2 TL Mandeln
3 EL Olivenöl
3 EL Butter
Zitrone
½ Bund Petersilie
Pfeffer aus der Mühle
Salz

Zubereitung: Die Forellen putzen, trockentupfen und mit Salz einreiben. Die Oliven, die Mandeln, die Petersilie, den Knoblauch, 2 Scheiben Schinken und die Frühlingszwiebeln fein hacken und miteinander vermischen. Die Mischung in die Bauchöffnungen der Forellen streichen und diese mit kleinen Bratenspießen oder Zahnstochern verschließen. Je Forelle nun eine Scheibe Schinken um den Fisch schlagen und mit einem Zahnstocher feststecken. In einer großen Pfanne die Butter zum Schmelzen bringen und das Olivenöl hinzugießen. Die verbliebene Scheibe Schinken fein hacken und in die Pfanne geben, dann die Forellen von beiden Seiten goldbraun braten. Vor dem Servieren mit Zitrone beträufeln.

Forelle mit Mandeln

Trucha con almendras

Zutaten: *(für 4 Portionen)*
4 Forellen
4 Scheiben Serranoschinken
90 g Schinkenspeck
1 Frühlingszwiebel
2 Knoblauchzehen
1 Zitrone
1 EL Olivenöl
150 g Mehl
2 Bund Petersilie, gehackt
3 EL Mandeln, gestiftet
Sherry
Olivenöl
Pfeffer aus der Mühle
Salz

Zubereitung: Die Zitrone auspressen, den Schinkenspeck in Würfel schneiden und die Knoblauchzehen fein hacken. Die Frühlingszwiebel putzen und fein hacken. Die Forellen putzen, trockentupfen und mit Zitronensaft einreiben. Dann die Fische mit Pfeffer und Salz würzen, in Frischhaltefolie einschlagen und den restlichen Zitronensaft vor dem Verschließen darüber verteilen. Die Fische 30 Minuten im Kühlschrank marinieren. Das Olivenöl in einer großen Pfanne erhitzen und die Schinkenscheiben darin glasig braten. Ein Bund Petersilie in die Bauchöffnungen der Fische geben. Die Schinkenscheiben aus der Pfanne nehmen, rollen und ebenso in die Forellen stecken. Die Bauchöffnungen mit einem Zahnstocher verschließen und die Fische in Mehl wenden. Das Olivenöl erneut erhitzen und die Forellen darin nacheinander kurz anbraten und anschließend in eine gebutterte Auflaufform setzen. Den Backofen auf 200 °C vorheizen. In der gleichen Pfanne nun die Schinkenwürfel auslassen und den Knoblauch sowie die Frühlingszwiebel hinzugeben. 4 Minuten dünsten, dann die Mandeln und die übrige Petersilie unterrühren und kurz mitdünsten lassen. Nun alles mit dem Sherry ablöschen und gut miteinander vermischen. Die Mischung über den Forellen verteilen und mit Aluminiumfolie abdecken. Die Auflaufform für etwa 10 Minuten in den Backofen geben, die Aluminiumfolie entfernen und nochmals 5 Minuten im Ofen weitergaren lassen.

Tintenfisch nach galicischer Art

Pulpo al estilo gallego Galicien

Zutaten: *(für 4 Portionen)*
800 g Tintenfischringe
2 Zwiebeln
2 Knoblauchzehen
1 Paprikaschote, rot
1 Chilischote, rot
125 ml Weißwein, trocken
100 ml Wasser
2 Tomaten
2 EL Olivenöl
Paprikapulver
Pfeffer aus der Mühle
Salz

Zubereitung: Die Paprika- und die Chilischote putzen, waschen und fein würfeln. Die Zwiebeln und den Knoblauch schälen und fein hacken. In einer Pfanne das Olivenöl mit der Butter erhitzen, etwas Salz hineinstreuen und, wenn dieses sich aufgelöst hat, die Zwiebeln und den Knoblauch darin goldbraun braten. Nun die Tintenfischringe hinzugeben, nach einigen Minuten die gewürfelte Tomate sowie die Paprikastücke unterrühren. Mit Paprikapulver, Pfeffer und Salz würzen. Das Wasser und den Wein unterrühren, den Deckel auf den Topf setzen und etwa 45 Minuten unter gelegentlichem Rühren köcheln lassen. Dazu Weißbrot oder Reis reichen.

Pulperia in Melide

Schwarze Calamares aus Santa Cruz

Calamares negros de Santa Cruz

Zutaten: *(für 4 Portionen)*
1 kg Calamares
2 kleine Zwiebeln
1 kleine Paprikaschote, rot
3 Knoblauchzehen
2 EL Semmelbrösel
125 ml Weißwein
1 Bund Petersilie
Olivenöl
Cayennepfeffer
Salz

Zubereitung: Die Calamares waschen und putzen, dabei die Haut und die Innereien vorsichtig entfernen. Die Tintenblasen beiseitelegen. Die Zwiebeln und den Knoblauch schälen und hacken, die Paprikaschote putzen und hacken. In einen großen Topf etwa einen Finger hoch Olivenöl geben und dieses erhitzen. Die Zwiebel- und Knoblauchstücke hinzufügen und, wenn diese zu bräunen beginnen, die Calamares hinzugeben. Diese unter gelegentlichem Rühren goldbraun braten. Nun die Semmelbrösel unterrühren, dann den Wein und das Wasser angießen. Jetzt bei kleiner Hitze etwa 15 Minuten köcheln lassen. Die Petersilie von den Stängeln befreien und zusammen mit der Tinte aus den Blasen sowie etwas Cayennepfeffer und Salz zu einer glatten Sauce verarbeiten. Diese zu den Calamares in den Topf geben, unterrühren und bei mittlerer Hitze etwa 10 Minuten köcheln lassen. Dazu Weißbrot reichen.

Sepia nach Fischerart

Sepia al estilo del pescador

Zutaten: *(für 4 Portionen)*
600 g Sepien
½ Zitrone
1 Knoblauchzehe
Olivenöl
1 Bund Petersilie
1 TL Paprikapulver
Pfeffer aus der Mühle
Salz

Zubereitung: Die Tintenfische putzen, waschen und in kleine Stücke schneiden. Diese in einer Pfanne bei mittlerer Hitze ohne Fett erhitzen, dabei immer wieder rühren. So lange in der Pfanne belassen, bis keine Flüssigkeit mehr entweicht. Die Tintenfischstücke beiseitestellen. Die Petersilie zupfen, mit dem Knoblauch fein hacken und beides im Olivenöl in der Pfanne anbraten. Die Tintenfischstücke und das Paprikapulver hinzugeben und kurz mitbraten lassen. Die Zitrone auspressen, den Saft einrühren und mit Pfeffer und Salz abschmecken. Dazu Weißbrot reichen.

Languste nach galicischer Art

Langosta al estilo gallego

Zutaten: *(für 4 Portionen)*
1 kg Langusten
2 kleine Zwiebeln
1 Stange Staudensellerie
1 Karotte
2 Knoblauchzehen

5 Mandeln, geschält
1 Zweig Koriander
2 Lorbeerblätter
1 Zweig Thymian
2 Bund Petersilie
125 ml Sherryessig
5 EL Olivenöl
5 Fäden Safran
2 cl Aguardiente
1 TL Pfefferkörner, weiß
Pfeffer aus der Mühle
Salz

Zubereitung: Einen großen Topf mit reichlich Wasser auf den Herd stellen und erhitzen. Eine Zwiebel, die Karotte, den Staudensellerie, den Koriander sowie einen Bund Petersilie grob hacken und alles zusammen mit den Pfefferkörnern und dem Lorbeerblatt in den Topf geben. Jetzt den Sherryessig hinzufügen und alles zum Kochen bringen, gut 15 Minuten köcheln lassen. Nun für etwa 10 Minuten die Languste in den Topf geben und sprudelnd kochen lassen, dann herausnehmen, abtropfen lassen, schälen und in fingerdicke Scheiben schneiden. Die Mandeln überbrühen und von den Häutchen befreien, mit dem geschälten Knoblauch fein hacken. Beides in einem Mörser zu einer glatten Paste zerstoßen. Die übrige Zwiebel schälen und mit der restlichen Petersilie grob hacken. Jetzt das Olivenöl in der Pfanne erhitzen und beides darin anbraten. Wenn die Zwiebelstücke beginnen, glasig zu werden, sogleich die Hitze erhöhen und die Langustenscheiben mit in die Pfanne geben, ebenso die gezupften Thymianblätter und ein weiteres Lorbeerblatt. Nun alles hin und wieder wenden, bis die Langustenscheiben zu bräunen beginnen. Die Knoblauchpaste unterrühren und alles mit dem Aguardiente ablöschen. Das Ganze kurz aufkochen lassen, dann zusammen mit dem Sud servieren.

Langusten „San Augustin"

Langosta „San Agustín"

Zutaten: *(für 4 Portionen)*
4 Langusten
4 Zwiebeln
6 Knoblauchzehen
Salzwasser
600 ml Weißwein
5 cl Aguardiente
300 ml Fischfond
175 ml Zitronensaft
8 EL Butter
3 Lorbeerblätter
Aniskörner
Piment
Thymian
Estragon
Pfefferkörner
Salz

Zubereitung: Die Zwiebeln und den Knoblauch schälen, beides hacken und beiseitestellen. In einem großen Topf reichlich Salzwasser mit den Lorbeerblättern und dem Zitronensaft aufkochen und die beiden Langusten darin 15 Minuten garen, dann herausnehmen und abtropfen lassen. Nun die Scheren abtrennen und die Körper zunächst der Länge nach, dann einmal quer teilen, dabei Innereien und Weichteile entfernen. In einer Pfanne die Butter schmelzen, und darin die gehackten Knoblauchzehen, die Zwiebelstücke sowie die Kräuter und Gewürze erhitzen und das Langustenfleisch hinzugeben. Alles warm werden lassen, jedoch nicht anbraten, und mit Pfeffer und Salz abschmecken. Nach 8–10 Minuten das Langustenfleisch herausnehmen und warm stellen. Nun die Sauce erhitzen, bis sie siedet, nach einigen Minuten den Weißwein, den Aguardiente und den Fischfond angießen. Unter stetigem Rühren die Sauce aufwallen und 10 Minuten auf kleiner

Ein spanisches Fest

Flamme köcheln lassen. Abschließend die Sauce durch ein Sieb streichen, je nach Geschmack andicken und vor dem Servieren über die Langustenstücke geben. Dazu Weißbrot und trockenen Weißwein reichen.

Jakobsmuscheln in verschiedenen Varianten

Gratinierte Jakobsmuscheln

Vieiras gratinadas

Zur folgenden Seite: Am 25. Juli, dem Namenstag des Heiligen Jakobus, ist dieses Gericht in fast jedem Restaurant in Santiago de Compostela zu finden. Dieser Tag ist sowohl spanischer (Santiago Apostol) und galicischer Nationalfeiertag (Día da Patria Gallega). Die nach dem Apostel benannten Muscheln werden seit jeher mit dem Heiligen in Verbindung gebracht und sind bis heute Erkennungszeichen der Gläubigen, die zum Grab des Apostels pilgern. Galicische Jakobsmuscheln sind weitaus größer als ihre sonstigen europäischen Verwandten, haben orange-rote Rogensäcke (Corail) und große weiße Schließmuskeln.

Zutaten: *(für 4 Portionen)*
16 Jakobsmuscheln
1 große Zwiebel
3 Tomaten
3 Knoblauchzehen
2 El Butter
3 El Olivenöl
4 El Aguardiente
125 ml Weißwein, trocken
1 TL Paprikapulver
½ Bund Petersilie
schwarzer Pfeffer aus der Mühle
Salz

Zubereitung: Die Jakobsmuscheln zunächst mit einem Messer öffnen und das Fleisch aus der Schale lösen. Dabei werden der graue Rand am Fleisch sowie die dunklen Eingeweide entfernt. Die gewölbten oberen Schalenhälften gründlich abbürsten und beiseitestellen. In Galicien werden darin traditionell die Muscheln überbacken. In einer Pfanne die Butter schmelzen lassen, dann 1 EL Olivenöl hinzugeben und in dieser Mischung das Muschelfleisch von jeder Seite gut 2 Minuten anbraten. Das Muschelfleisch herausnehmen und auf eine feuerfeste Platte legen. Nun den Aguardiente in einer Schöpfkelle erwärmen, anzünden und über das Muschelfleisch gießen. Wenn die Flammen erloschen sind, das Fleisch in die Muschelschalen geben, den Aguardiente aus der Form sowie das restliche Öl in die Pfanne geben, erhitzen, bis die meiste Flüssigkeit verdampft ist, und im Sud die fein gehackten Zwiebeln und den Knoblauch langsam weich werden lassen. Die Tomaten abziehen, hacken, dabei die Kerne entfernen und zusammen mit dem Paprikapulver und dem Pfeffer mit in die Pfanne geben. Alles auf kleiner Flamme köcheln lassen, bis die Tomaten schmelzen und sich der Pfanneninhalt zu einer Sauce verbindet. Den Weißwein angießen und mit Pfeffer und Salz abschmecken. Die Sauce über das Muschelfleisch schöpfen und mit der gehackten Petersilie bestreuen. Nun die Muschelhälften für etwa 3 Minuten unter den vorgeheizten Grill schieben, dann sofort servieren.

Jakobsmuscheln mit Champignons

Vieiras con champiñones

Zutaten: *(für 4 Portionen)*
16 Jakobsmuscheln
250 g Champignons
100 ml Weißwein
3 EL Sherryessig
100 ml Schlagssahne
Olivenöl
1½ Zitronen
25 g Butter
Petersilie
Pfeffer aus der Mühle
Salz

Zubereitung: Die Jakobsmuscheln mit einem flach gehaltenen Messer öffnen, das Fleisch herausnehmen und von Innereien und dem grauen Rand befreien. Die gewölbte Oberschale der Muschel gründlich reinigen und beiseitestellen Nun das Muschelfleisch unter fließendem Wasser abspülen und zusammen mit der Sahne, dem Weißwein, etwas Pfeffer und Salz in einen Topf geben und langsam erhitzen. Auf kleinster Flamme gut 5 Minuten köcheln lassen, dann den Saft der halben Zitrone hinzufügen und weiter 5 Minuten köcheln lassen. Inzwischen die Champignons in dünne Scheiben schneiden und beiseitestellen. Die Zitrone auspressen und den Saft zusammen mit der Butter und 2 EL Sherryessig zum Kochen bringen, die Champignonscheiben hinzufügen und unter Rühren etwa 5 Minuten weichgaren. Nun das Muschelfleisch in die gereinigten Schalen verteilen, die Champignonmasse darübergeben und alles mit der Sauce bedecken. Abschließend die gehackte Petersilie darüberstreuen und etwa 5 Minuten im auf 200 °C vorgeheizten Backofen gratinieren.

Galicischer Muscheltopf

Olla gallega de almejas

Zutaten: *(für 4 Portionen)*
1 kg Shrimps
1,2 kg Muscheln
8 Zwiebeln
12 Knoblauchzehen
150 g Butter
8 Eier
2 Lorbeerblätter
1 Bund Dill
200 ml Weißwein
Cayennepfeffer
Pfeffer aus der Mühle
Salz

Zubereitung: Zuerst die Eier hartkochen und erkalten lassen. Nun die Zwiebeln und den Knoblauch schälen und fein würfeln. Die Butter und das Olivenöl in einem hohen Topf erhitzen und die Garnelen zusammen mit den Zwiebeln, den Knoblauchstücken und den Lorbeerblättern darin scharf anbraten, insgesamt etwa 8 Minuten. Nun die Eier würfeln und zusammen mit den Muscheln und dem gehackten Dill zu den Garnelen in den Topf geben. Alles bei hoher Temperatur etwa 5 Minuten garen, dann mit Pfeffer, Cayennepfeffer, Salz und dem Sherry abschmecken. Dazu in einer Pfanne angeröstetes Weißbrot reichen.

Gemüsegerichte und Beilagen

Platillos de verdura y guarniciones

Galicische Kichererbsen

Garbanzos gallegos

Zutaten: *(für 4 Portionen)*
1 gr. Dose Kichererbsen
500 g Tomaten
2 kleine Chilischoten
1 TL Fenchelsamen
½ TL Zimt
1 TL Paprikapulver
2 Stängel Minze
3 Stängel Petersilie
5 EL Olivenöl
Salz

Zubereitung: Die Kichererbsen über Nacht in Wasser einweichen, am Folgetag in kochendem Wasser garen, dann in einem Sieb abtropfen lassen. Die Tomaten oben kreuzweise einritzen, mit kochendem Wasser überbrühen, enthäuten und das Fruchtfleisch fein würfeln. Die Chilischote putzen und fein hacken. Etwas Olivenöl in einer Pfanne erhitzen und die Fenchelsamen darin leicht anbraten, bis sie goldgelb werden. Dann die Chilistückchen 2 Minuten hinzugeben und anschließend die Tomatenstücke sowie die Kichererbsen einrühren. Die Mischung mit Salz, Pfeffer, Zimt und Paprikapulver abschmecken, etwa 8 Minuten auf kleiner Flamme köcheln lassen. Die Petersilie und Minze waschen, trockentupfen, die Blättchen abzupfen und fein hacken. Die Kräuter unter die Kichererbsenmasse rühren, vom Herd nehmen und etwa 45 Minuten bei Zimmertemperatur ziehen lassen.

Spinat „Santa Margerita"

Espinacas „Santa Margarita"

Zutaten: *(für 4 Portionen)*
1,2 kg Blattspinat
2 Knoblauchzehen
2 Scheiben Weißbrot
100 g Mandeln, ungeschält
50 g Rosinen
5 EL Olivenöl
3 EL Butter
½ g Safranfäden
Pfeffer aus der Mühle
Salz

Zubereitung: Den Spinat putzen, waschen und grob hacken. Die Mandeln mit kochendem Wasser überbrühen und enthäuten. Den Knoblauch schälen und grob hacken, dann das Weißbrot in Würfel schneiden. In einer Pfanne 1 EL Olivenöl mit 1 EL Butter erhitzen und die Mandeln darin goldbraun anrösten. Anschließend die Mandeln herausnehmen, 2 EL Butter hinzufügen und die Brotwürfel in die Pfanne geben. Die Knoblauchzehen in die Pfanne pressen und rösten, bis die Brotwürfel bräunen und das Fett aufgenommen haben. Jetzt die Brotwürfel mit den Mandeln in einen Mörser geben und zu einer glatten Paste verarbeiten. 2 EL Olivenöl in einem hohen Topf erhitzen und die Rosinen darin 2 Minuten anschwitzen. Die Spinatblätter hinzugeben und etwa 5 Minuten dünsten, bis sie beginnen, weich zu werden. Dann die Paste unterrühren, mit Pfeffer, Salz und Muskatnuss abschmecken. Das Spinatgemüse eignet sich hervorragend als Beilage zu Fisch und Geflügel.

Frittata mit Avocado

Omelet con aguacate

Zutaten: *(für 4 Portionen)*
4 Eier
1 Avocado, reif
1 Stange Lauch
1 Zwiebel
2 Knoblauchzehen
4 Zweige Blattpetersilie
1 EL Zitronensaft
Olivenöl
Pfeffer aus der Mühle
Salz

Zubereitung: Die Zitrone auspressen. Den Knoblauch und die Zwiebel schälen und fein hacken. Den Lauch putzen und in dünne Ringe schneiden. Die Petersilie waschen, von den Stielen zupfen und fein hacken. Die Avocado halbieren, den Kern herausnehmen, die Schale einritzen und abziehen. Das Avocadofleisch würfeln, mit dem Zitronensaft beträufeln und vorsichtig durchheben. Die Eier aufschlagen, salzen und pfeffern, die Petersilie hinzugeben, dann verquirlen. Den Lauch zusammen mit dem Knoblauch und den Zwiebeln in einer Pfanne mit Butter scharf anbraten, den Pfanneninhalt zu den Eiern geben, die Avocadostücke hinzufügen und gut durchmischen. Eine Auflaufform ausbuttern und die Eiermasse hineingeben, im Backofen etwa 10–12 Minuten garen. Vor dem Servieren die Frittata aus dem Ofen nehmen, stürzen und in kleine Stücke schneiden.

Blumenkohl mit Mandelsauce

Coliflor con salsa de almendras

Zutaten: *(für 4 Portionen)*
1 Blumenkohl
80 g Mandeln, gehobelt
250 ml Blumenkohlwasser
1 L Milch
80 g Butter
80 g Mehl
Pfeffer aus der Mühle
Salz

Zubereitung: Den Blumenkohl von den Blättern befreien und gründlich waschen. In einen großen Topf geben, 250 ml Milch hinzugießen und soviel Salzwasser angießen, dass der Blumenkohl knapp bedeckt ist. Nun den Blumenkohl garen, anschließend aus dem Topf nehmen und abtropfen lassen. In einem Topf die Butter schmelzen, unter Rühren das Mehl einstäuben und nach einer Minute den Rest der Milch sowie 250 ml des Kochwassers angießen, etwas Pfeffer und Salz hinzugeben. Den Backofen auf 200 °C vorheizen. Den Blumenkohl in eine Auflaufform setzen und die Sauce darübergeben. Abschließend die Mandelblättchen darüberstreuen und für 10–12 Minuten in den Backofen stellen. Den Blumenkohl vor dem Servieren in eine Form geben und mit der Soße übergießen.

Würzige Paprikastreifen

Tiritas de pimiento morrón

Zutaten: *(für 4 Portionen)*
3 Paprikaschoten, rot
3 Paprikaschoten, grün
6 Knoblauchzehen
1 Chilischote, rot
10 EL Olivenöl
2 EL Sherryessig
1 TL Honig
Pfeffer aus der Mühle
Salz

Zubereitung: Den Backofen auf 200 °C vorheizen. Die Paprikaschoten entkernen, in grobe Stücke schneiden, waschen und mit der Hautseite nach oben in eine mit Olivenöl ausgestrichene Pfanne geben. Diese in den Ofen schieben und darin backen, bis die Haut beginnt, Blasen zu werfen. Nun die Pfanne herausnehmen und die Paprikastückchen mit der Hautseite nach unten auf ein feuchtes Geschirrtuch legen, nach kurzer Wartezeit die Haut abziehen. Die Knoblauchzehen schälen und grob hacken. Die Chilischote putzen und fein würfeln. Restliches nicht zum Ausstreichen der Pfanne benötigtes Öl mit in die Pfanne geben, den Knoblauch und die Chilistückchen hinzufügen, dann 3 Minuten anbraten. Mit dem Essig ablöschen und die Paprikastücke in dieser Mischung etwa 10 Minuten weichschmoren. Abschließend den Honig unterrühren und die Mischung etwas abkühlen lassen; lauwarm servieren.

Gemüseeintopf auf navarrische Art

Cocido de verdura al estilo Navarro

Dieses Gericht kann man auf verschiedene Arten zubereiten. Manchmal wird das Gemüse in Mehl gewendet und in Fett ausgebacken, bevor es mit den anderen Zutaten vermengt wird; oder das Gemüse wird mit Weißwein, Zimt und Zitrone gewürzt und mit gekochten oder pochierten Eiern garniert. Das folgende Rezept ist einfach zuzubereiten und wird als Appetitanreger oder Beilage zu einem Hauptgericht serviert.

Zutaten: *(für 4 Portionen)*
400 g Kartoffeln
150 g Bohnen, weiß
150 g grüne Bohnen
150 g Erbsen
8 Artischockenherzen
6 Frühlingszwiebeln
1 große Tomate
2 Knoblauchzehen
50 g Spinatblätter, gehackt
1 Chilischote, rot
2 Zweige Petersilie
250 ml Rinderbrühe
2 EL Schweineschmalz
150 g Serranoschinken, in dünnen Scheiben
Salz

Zubereitung: Die Frühlingszwiebeln, die Chilischote und den Knoblauch putzen und in kleine Stücke hacken. Die Petersilie waschen, von den Stielen befreien und fein hacken. Die Kartoffeln schälen und in Würfel schneiden. Die Artischockenherzen abtropfen lassen und die Tomate klein würfeln. Die Butter in einem hohen Topf erhitzen, 2 EL Olivenöl hinzugeben und den in Streifen geschnittenen Serranoschinken mit den Chilistückchen darin anbraten. Nun die Knoblauch- und Frühlingszwiebelstücke hinzugeben und unterrühren. Wenn die Zwiebelstücke beginnen, glasig zu werden, die Erbsen und die Bohnen hinzugeben und einige Minuten dünsten. Wenn die Flüssigkeit am Topfboden fast verdampft ist, mit der Brühe ablöschen, aufkochen und bei reduzierter Hitze zugedeckt etwa 25 Minuten köcheln lassen. Nach dem Ende der Kochzeit die Kartoffelstücke, die Tomatenwürfel und die Artischockenherzen unterrühren, die grünen Bohnen und den Spinat hinzugeben und weitere 20 Minuten köcheln lassen. Etwa 5 Minuten vor Ende der Garzeit mit Pfeffer und Salz abschmecken und die Petersilie unterrühren.

Desserts und süße Speisen

Postres y platillos dulces

Gebackene Milch

Leche asada

Zutaten: *(für 4 Portionen)*
500 ml Milch
100 g Zucker
4 Eier
50 g Butter
50 g Mehl
2 Eier
1 Zimtstange
1 Zitrone
1 Ei
Olivenöl, mild
Zucker
Zimt

Zubereitung: Die Schale der gewaschenen Zitrone fein abreiben. Die Milch zusammen mit der Zimtstange und der Zitronenschale aufkochen, den Topf vom Herd nehmen und etwa 30 Minuten ziehen lassen. Inzwischen die Eier trennen und die Eigelbe zusammen mit dem Zucker schaumig schlagen. Anschließend die Milch dazugeben und zu einer glatten Creme rühren. In einem Topf die Butter schmelzen lassen, das Mehl einrühren und anschwitzen, ohne es bräunen zu lassen. Unter stetigem Rühren nach und nach die Milchmischung hinzugießen und bei geringer Hitzezufuhr etwa 10 bis 15 Minuten köcheln lassen. Die Konsistenz der Masse sollte nun teigig und streichfähig sein und keinesfalls fließen. Jetzt ein großes Brett oder die Arbeitsfläche mit Backpapier auslegen und die Masse darauf etwa 1,5 cm hoch glattstreichen und unter einem leicht feuchten Tuch etwa 60 Minuten auskühlen lassen. Anschließend den Teig in kleine Rauten schneiden und diese in einem Gemisch aus Mehl und Ei panieren. In einer Pfanne das Olivenöl erhitzen und die Teigstücke darin heiß ausbacken. Vor dem Servieren mit Zimt und Zucker bestreuen.

Milchcreme mit Zimtwürfeln

Crema de leche con cubitos de canela

Zutaten: *(für 4 Portionen)*
100 g Mehl
100 g Maismehl, fein
750 ml Milch
50 g Zucker
1 Zimtstange
1 Zitrone
2 Scheiben Toastbrot
1 Vanillestange
2 TL Zucker
2 TL Zimtpulver
etwas Olivenöl

Zubereitung: Die Zitrone waschen und die Schale abreiben. Das Öl in einen Topf geben und erhitzen, die Zimtstange und die Zitronenschale hinzugeben. So lange anbraten, bis die Schalen sich goldgelb färben, dann die Milch hinzugießen, erhitzen, jedoch nicht aufkochen lassen. Nun das Mehl und das Maismehl unter Rühren einstreuen und weiterrühren, bis eine glatte Masse entsteht. Anschließend den Zucker und die grob zerkleinerte Vanillestange hinzugeben und verrühren, bis sich der Zucker aufgelöst hat. Die Mischung nun unter stetigem Rühren auf kleinster Flamme köcheln lassen, bis sie eindickt. Jetzt die Brotscheiben fein würfeln und in einer mit Butter ausgestrichenen Pfanne goldgelb rösten. Das Zimtpulver darüberstreuen und verrühren, bis an allen Würfeln etwas Zimt haftet. Die Vanillestücke entfernen, die Creme in kleine Förmchen geben und mit den Brotwürfeln bestreuen. Warm servieren.

Karamell-Flan

Flan

Zutaten: *(für 6–8 Portionen)*
1 L Milch
3 große Eier
3 EL Vanillezucker
1/3 Vanilleschote
6 EL Zucker

Zubereitung: Den Backofen auf 80 °C vorheizen und die Flanform sofort hineinstellen. Das Stück Vanillestange mit einem Messer grob zerhacken und in einen Mörser fein zermahlen. In einem Topf die Milch mit der gemahlenen Vanille verrühren und unter Rühren aufkochen, dann beiseitestellen. Den Zucker in einem kleinen Topf mit etwa 1 EL Wasser verrühren und langsam karamellisieren lassen. Wenn dieser nach dem Aufschäumen richtig flüssig wird, in die Flanform geben und durch Drehen in der gesamten Form, auch auf den Rändern, verteilen. Jetzt so lange weiterdrehen, bis der Fließprozess des Karamells zum Stillstand kommt. Wegen der hohen Temperatur des geschmolzenen Zuckers darf dieser nicht in Kontakt mit der Haut kommen. Den Backofen auf 200 °C vorheizen und eine größere Form für ein Wasserbad platzieren, diese mit ausreichend heißem Wasser füllen. Die Eier mit dem Vanillezucker kräftig aufschlagen, bis der Zucker sich aufgelöst hat. Dann unter Rühren die Milch hinzugeben und den entstehenden Schaum abschöpfen. Dieses Gemisch nun in die Flanform füllen und in das Wasserbad stellen. Alles etwa 45–50 Minuten garen, dann auskühlen lassen und in den Kühlschrank stellen. Vor dem Servieren den Flan stürzen. Hinweis: Flache Flanformen benötigen etwa 30–35 Minuten Garzeit. Soll der Flan in kleinen Formen hergestellt werden, verringert sich die Backzeit, außerdem muss mehr Zucker zum Karamellisieren verwendet werden.

Orangenlikör-Flan

Flan de licor de naranja

Zutaten: *(für 4 Portionen)*
500 ml Orangensaft
50 g Zucker
2 Blatt Gelatine
2 Eier
125 ml Orangenlikör
150 g Sahne
Löffelbiskuits
50 g Pfirsichmarmelade

Zubereitung: Den Orangensaft mit dem Zucker in einen Topf geben und bis auf ein Viertel der Flüssigkeit einkochen. Die Gelatine in Wasser einweichen, ausdrücken und im Orangen-Zucker-Gemisch auflösen. Nun die Eier trennen und die Eigelbe 4 Minuten schaumig schlagen. Unter Rühren das Orangengemisch hinzugießen und weiterschlagen, bis die Masse abgekühlt ist. Anschließend etwa 75 ml des Orangenlikörs einrühren. In einem weiteren Gefäß die Sahne steifschlagen und unterheben. Die Löffelbiskuits zerdrücken und auf dem Boden einer Form verteilen Der Boden der Form sollte etwa 1 cm mit Biskuitbröseln bedeckt sein. Den restlichen Likör darüberträufeln und die Orangen-Sahne-Creme darauf verteilen. Die Form für 90 Minuten in den Kühlschrank geben. Die Pfirsichmarmelade erhitzen, mit einem Pinsel auf den Flan streichen und nochmals für 30 Minuten in den Kühlschrank stellen.

Orangenpudding
Budín de naranja

Zutaten: *(für 6 Portionen)*
375 ml Orangensaft, frisch gepresst
1 kleine Zitrone
150 g Zucker
9 EL Zucker
3 EL Wasser
6 Eier

Zubereitung: Die 150 g Zucker mit dem Wasser vermischen und in einem kleinen Topf hellbraun karamellisieren lassen. Anschließend den Topf sofort in ein Wasserbad mit kaltem Wasser stellen, um den Vorgang zu stoppen. Nun den geschmolzenen Zucker in die Auflaufformen gießen und diese so schwenken, dass die Außenwände sowie der Boden mit dem Karamell überzogen sind. Zunächst die Eier trennen, dann die Eigelbe zusammen mit 9 Esslöffeln Zucker schaumig schlagen, und den Saft der Zitrone und der Orangen unterrühren. Die Mischung in die präparierten Auflaufförmchen geben, sie in ein tiefes Backblech stellen und dieses so weit mit kochendem Wasser aufgießen, dass die Förmchen zur Hälfte darin stehen. Im auf 200 °C vorgeheizten Backofen 40 Minuten garen (Garprobe). Die Auflaufformen aus dem Ofen nehmen und auskühlen lassen. Vor dem Servieren mindestens 90 Minuten im Kühlschrank abkühlen lassen. Dann die Ränder mit einem scharfen Messer lösen den Pudding und auf Dessertteller stürzen.

Turrón

Turrón

Zutaten: *(für 6 Portionen)*
380 g Haselnüsse, ungeschält
350 g Mandeln, ungeschält
8 kleine Eier
30 ml Aguardiente Chinchón (Anisschnaps)
380 g Zucker, weiß
2 EL Zucker, braun
2 EL Zimtpulver
350 g Honig
Backoblaten

Zubereitung: Die Mandeln blanchieren, abschrecken, von der braunen Haut befreien, auf einem Küchentuch abtrocknen lassen und in einer Pfanne rösten. Anschließend aus der Pfanne nehmen und die gleiche Prozedur mit den Haselnüssen wiederholen. Nun die Haselnüsse mit den Mandeln in einen Mixer geben und fein mahlen. Die Eier trennen und das Eiweiß steifschlagen. Die Nüsse unter das Eiweiß heben und beiseitestellen. In einem großen Topf den Honig erwärmen, den weißen Zucker hineinstreuen und unter Rühren darin auflösen. Die Eiweiß-Nuss-Mischung unterheben und bei geringer Hitzezufuhr etwa 10 Minuten langsam, aber stetig rühren. Anschließend die Mischung vom Herd nehmen und den Anisschnaps unterrühren. Den braunen Zucker mit dem Zimt in einem Mörser zu einem sehr feinen Pulver verarbeiten. Die Backoblaten etwa fingerdick mit der Masse bestreichen, anschließend mit dem Zucker-Zimt-Pulver bestreuen.

Gekochte Pfirsiche mit Wein

Melocotón cocido en vino

Zutaten: *(für 5 Portionen)*
5 Pfirsiche, frisch
750 ml Rotwein, trocken
125 g Zucker
1 Orange
½ Zimtstange

Zubereitung: Mit einem Messer die Pfirsiche häuten, halbieren und von ihrem Stein befreien. Mit einem Orangenschäler die Haut der Orange einritzen und die Streifen abziehen, beiseitelegen. In einem Topf die Hälfte des Rotweins erhitzen und den Zucker darin auflösen. Nun die Orangenschale und das Stück Zimtstange hinzugeben und etwa 10 Minuten bei mittlerer Temperatur köcheln lassen. Anschließend die Pfirsiche hinzufügen und so viel Wein angießen, dass alles gerade bedeckt ist. Bei geringer Hitzezufuhr etwa 20 Minuten köcheln lassen, verdampfenden Wein ersetzen. Die Pfirsiche in eine Form mit geradem Boden nebeneinander setzen und die Flüssigkeit durch ein Sieb darübergießen. Im Kühlschrank mindestens Stunden kühlen.

Backwaren

Panes y pasteles

Hefeschnecke nach Art der Benediktinerinnen

Ensaimadas al estilo de las benedictinas

Zutaten: *(für 6 Portionen)*
550 g Mehl
180 g Schmalz
180 g Zucker
3 Eier
25 g Hefe
225 ml Wasser
Puderzucker
1 Prs. Salz

Zubereitung: In einer großen Rührschüssel das Wasser mit dem Zucker vermischen, dabei so lange rühren, bis der Zucker sich aufgelöst hat. Nun die Eier und die zerbröselte Hefe hinzugeben und mit dem Mixer glattschlagen. Unter Rühren das Mehl und das Schmalz hinzugeben, dann alles von Hand durchkneten, bis ein leichter Hefeteig entsteht. Wichtig ist, lange von Hand zu kneten! Den Teig zu einer sehr langen Wurst ausrollen und diese schneckenförmig – von der Mitte heraus – auf ein gefettetes Backblech legen. Achtung: Die jeweiligen Drehungen müssen ausreichend Abstand zueinander haben, damit der Hefeteig gleichmäßig aufgehen kann. Die Schnecke mit einem trockenen Geschirrtuch abdecken und bei Zimmertemperatur 5 Stunden gehen lassen. Den Backofen auf 170 °C vorheizen. Die Ensaimadas mit Wasser einstreichen und auf der mittleren Schiene in etwa 25–30 Minuten goldgelb backen. Vor dem Servieren mit Puderzucker bestäuben.

Asturisches Johannisbrot

Pan de algarroba de Asturias

Zutaten: *(für 2 Brote)*
375 g Mehl
275 ml Milch
160 g Zucker
110 g Butter
3 große Eier
160 g kandierte Kirschen, gehackt
16 kandierte Kirschen, ganz
60 g Pinienkerne
1 Würfel Hefe
1 TL Zitronenschale
¼ TL Anis, gemahlen
¼ TL Zimtpulver
1 TL Pinienkerne
½ TL Salz

Zubereitung: Die Milch leicht erwärmen, die Zitronenschale abreiben. In einer Rührschüssel das Mehl und das Salz vermengen. Die Hefe in eine kleine Mulde bröseln, mit einigen Esslöffeln Milch verrühren und 10 Minuten stehen lassen. Nun die restliche Milch und den Zucker unterrühren und zu einem glatten Teig verarbeiten. Diesen an einem warmen Ort mindestens 60 Minuten gehen lassen. Die 160 g kandierte Kirschen, Pinienkerne, Zitronenschale, Zimt und Anis hinzufügen und gründlich unterrühren. Dann den Teig in zwei Stücke teilen, daraus zwei längliche, flache Brotlaibe formen und diese auf ein gut gebuttertes Backblech legen. Mit einem trockenen Tuch bedecken und den Teig etwa 45 Minuten gehen lassen. Inzwischen den Backofen auf 175 °C vorheizen und die Brote kurz vor dem Backen mit einigen Pinienkernen und den 16 kandierten Kirschen verzieren. Backzeit etwa 30 Minuten.

Pater Juans Honigkuchen

Pastel de miel del padre Juan

Zutaten: *(für 1 Backblech)*
140 g Weizenmehl
175 g Maismehl
360 g Honig
140 g Walnüsse
140 g Mandeln, blanchiert, gerieben
350 ml Olivenöl
350 g Zucker, braun
1 TL Zimt
½ TL Anis
1 Prs. Muskatnuss
2 TL Zimt
2 TL Puderzucker
1 Msp. Pfeffer
½ TL Salz

Zubereitung: Die Walnüsse fein hacken. Zuerst den Honig mit dem Zucker und dem Öl in einem Topf vermengen und langsam zum Kochen bringen. Dann den Zimt, den Anis, die Walnüsse und die geriebenen Mandeln unterrühren. Alles etwa 5 Minuten auf kleinster Flamme köcheln lassen, dabei stetig rühren. Nun langsam das Weizenmehl und das Maismehl einsieben, das Salz, den Pfeffer und den Muskat zugeben und rühren, bis sich eine glatte Masse gebildet hat. Jetzt den Topf vom Herd nehmen und auskühlen lassen. Mit bemehltem Nudelholz den Teig ausrollen und kleine Küchlein formen oder ausstechen. Diese auf einem mit Backpapier ausgelegten Backblech bei 175 °C backen, bis die Küchlein zu bräunen beginnen. Achtung: Zwischendurch immer wieder probieren, ob diese nicht zu fest werden. In einem Mörser den Zimt mit dem Puderzucker noch feiner mahlen und über die Küchlein sieben.

Churros

Churros

Zutaten: *(für 6 Portionen)*
300 g Mehl
½ TL Salz
425 ml Wasser
6 EL Sonnenblumenöl
Pflanzenfett zum Frittieren
Zucker

Zubereitung: In einer Rührschüssel das Salz mit dem Mehl gründlich vermengen. Das Wasser mit dem Sonnenblumenöl in einem Topf zum Kochen bringen und über das Mehl-Salz-Gemisch gießen. Mit dem Handrührer zu einem glatten Teig verarbeiten und

Heisse Churros mir Zucker und Kaffee

diesen richtig auskühlen lassen. Das Pflanzenfett in einem Topf erhitzen und inzwischen einen Spritzbeutel mit sternförmiger Tülle mit dem Teig füllen. Wenn das Öl sprudelt, etwa 10 cm lange Teigstücke in das Fett spritzen und goldbraun frittieren. Mit einem Schaumlöffel die Churros herausheben und auf Küchenkrepp abtropfen lassen. Mit Zucker bestreuen und sonntags mit einer Tasse dickflüssigem Kakao servieren.

Mandelkuchen St. Jakob

Tarta de Santiago

Zutaten: *(für eine Springform von 26 cm Ø)*
500 g Mandeln, gemahlen
6 Eier
280 g Zucker
1 Zitrone, unbehandelt
½ TL Öl
300 ml Sahne
3 EL Amaretto
30 g Puderzucker
1 Prs. Salz

Zubereitung: Den Backofen auf 150 °C vorheizen. Den Springformboden mit Backpapier auslegen. Den Boden und den Rand der Form mit Öl bestreichen. Die Eier in einer Schüssel mit dem Handmixer auf mittlerer Stufe schaumig rühren. Dann den Zucker hinzugeben und so lange rühren, bis die Masse zähflüssig ist. Die Schale der Zitrone abreiben und mit dem Salz zur Eiermasse geben. Nach und nach die Mandeln hinzustreuen und unterrühren. Teig in die Springform geben. Den Mandelkuchen in den vorgeheizten Backofen geben und etwa 60 Minuten backen (Garprobe). Anschließend auf einem Gitter in der Springform auskühlen lassen. Die Sahne in einer Schüssel mit dem Handmixer steifschlagen, den Amaretto zugießen und vorsichtig unterrühren. Die

Auf dem Mozarabischen Weg nach Granja de Moreruela

Sahne zum Mandelkuchen servieren. Aus Papier eine Schablone in Form des Schwertes von Santiago de Compostela ausschneiden. Auf den abgekühlten Kuchen legen, mit Puderzucker bestreuen und das Papier anschließend vorsichtig abheben.

Mandelkuchen St. Jakob II

Tarta de Santiago II

Dieses Rezept stammt von den Nonnen aus Santiago de Compostela, welche die Tarta de Santiago backen.

Zutaten: *(für eine Springform von 22 cm Ø)*
500 g Mandeln, fein gemahlen
300 g Zucker
1 Zitrone, geriebene Schale davon
6 Eier
3 EL Butter
¼ TL Zimt
3–4 EL Zucker zum Bestreuen

Zubereitung: Den Ofen auf 200 °C vorheizen. Die weiche Butter mit Zucker und Zimt in einer Schüssel mischen. In einer weiteren Schüssel die Eier mit dem Handmixer schaumig schlagen. Die Zuckermischung, die Eier und etwa 450 g Mandeln vermengen. Den Teig in eine gefettete und gemehlte Springform gießen und etwa 30 Minuten backen (Garprobe). Den Mandelkuchen aus dem Ofen nehmen und auskühlen lassen. Auf ein Backblech setzen, mit den restlichen Mandeln und 3 bis 4 Esslöffel Zucker bestreuen und unter Oberhitze (bei eingeschaltetem Grill) zu einer goldenen knusprigen Kruste gratinieren.

Asturischer Mandelkuchen
Pastel de almendras de Asturias

Zutaten: *(für eine Springform von 28 cm Ø)*
280 g Mandeln, gerieben
280 g Puderzucker
9 Eier
1 Msp. Zimt, gemahlen
1 Vanilleschote
1 Orange
60 g Butter
3 cl Orangenlikör
Puderzucker
1 Prs. Salz

Zubereitung: Den Backofen auf 180 °C vorheizen. Die Eier trennen und die Eigelbe zusammen mit dem Puderzucker und der Prise Salz schaumig schlagen. Die Orange gründlich waschen, halbieren und den Saft auspressen. Nun die Schale abreiben und zusammen mit dem Zimt und dem Mark der ausgekratzten Vanilleschote zum Ei-Zucker-Gemisch geben. Die Butter schmelzen und unter stetigem Rühren in kleinen Portionen mit den Mandeln unterrühren. Nun das Eiweiß steifschlagen und unterziehen. Die Backform mit reichlich Butter ausstreichen und die Teigmasse hineingeben. Die Oberfläche glattstreichen und auf der mittleren Schiene des Backofens etwa 45 Minuten backen. Inzwischen den Orangensaft mit dem Likör verrühren und beiseitestellen. Nach dem Ende der Backzeit den Mandelkuchen auf ein Gitter stürzen und mit dem Saft-Likör-Gemisch beträufeln. Den Mandelkuchen etwa 1 Stunde ruhen lassen und kurz vor dem Servieren mit reichlich Puderzucker bestäuben.

Orangenkuchen aus Pamplona

Pastel de naranja de Pamplona

Zutaten: *(für eine Springform von 26 cm Ø)*
125 g Mandeln, gemahlen
5 Eier
160 g Zucker
2 Orangen
1 TL Vanillezucker
1 Prs. Salz

Glasur:
100 ml Orangensaft
80 g Zucker
3 EL Orangenlikör

Zubereitung: Den Backofen auf 180 °C vorheizen. Die Kuchenform mit reichlich Butter ausstreichen. Die Eier trennen und beiseitestellen. Die Orangen gründlich waschen, die Haut abreiben und den Saft auspressen. In einer großen Rührschüssel die Eigelbe mit dem Zucker schaumig schlagen, dann den Vanillezucker, die Orangenschalen sowie das Salz einrühren, bis eine glatte Masse entstanden ist. Die gemahlenen Mandeln unterziehen. Das Eiweiß steifschlagen und behutsam unter die Teigmasse ziehen. Den Teig in die Kuchenform geben, glattstreichen und auf mittlerer Schiene etwa 45 Minuten backen (Garprobe). Nach dem Ende der Backzeit den Kuchen 10 Minuten in der Form lassen und anschließend auf einem Kuchengitter auskühlen lassen. Inzwischen den Orangensaft in einem kleinen Topf erhitzen, darin den Zucker auflösen und etwa 5 Minuten köcheln lassen. Den Topf vom Herd nehmen, etwas abkühlen lassen und den Orangenlikör einrühren. Die Glasur nun gleichmäßig über den Kuchen gießen und einziehen lassen.

Zitronenkuchen
Pastel de limón

Zutaten: *(für eine Springform von 26 cm Ø)*
Teig:
200 g Mehl
1 Ei
50 g Zucker
100 g Butter
1 Prs. Salz

Creme:
5 Eier
180 g Zucker
100 g Butter
3 Zitronen
1 Orange

Zubereitung: Den Backofen auf 175 °C vorheizen. Die Zitronen und die Orange gründlich waschen, die Haut abreiben und den Saft auspressen, dann beiseitestellen. Die Kuchenform mit reichlich Butter ausstreichen. Die Butter in kleine Flöckchen schneiden und diese zusammen mit dem Zucker und dem Mehl zu einem Teig verarbeiten. Das Ei und das Salz hinzugeben und zu einem glatten Teig verarbeiten. Diesen zu einer Kugel formen und etwa 60 Minuten im Kühlschrank ruhen lassen. Den Teig etwa 5 mm dick ausrollen, am besten zwischen zwei Stücken Frischhaltefolie, einige Male einstechen und in eine Springform geben. Dabei den Rand des Teiges nach oben über den Rand der Form ziehen. In einer Rührschüssel den Zucker mit den Eiern schaumig schlagen. Nun die Butter hinzugeben und zu einer glatten Masse schlagen. Unter weiterem Rühren die Schalen und den Saft der Früchte hinzugeben. Den Teig in die Form geben und auf mittlerer Ofenschiene etwa 35 Minuten backen (Garprobe).

Baskischer Apfelkuchen

Pastel de manzana vasco

Zutaten: *(für eine Springform von 28 cm Ø)*
200 g Mehl
250 g Butter
250 g Zucker
6 Äpfel
1 Zitrone
Apfelgelee
5 Eier
2 EL Kakao
1 EL Zimt
2 Pkg. Vanillezucker
1 Pkg. Backpulver

Zubereitung: Den Backofen auf 200 °C vorheizen. Die Kuchenform mit reichlich Butter ausstreichen. Die Äpfel schälen, in Spalten schneiden und im Saft der Zitrone wenden. Die Eier zusammen mit dem Zucker schaumig rühren, dann die restlichen Zutaten hinzugeben und zu einem glatten Teig verarbeiten. Etwa 3/4 des Teiges in die Form geben, die Apfelspalten ringförmig senkrecht in den Teig drücken, anschließend den restlichen Teig darübergeben und glattziehen. Auf der mittleren Schiene des Backofens etwa 50 Minuten backen (Garprobe), dann herausnehmen und einige Minuten auskühlen lassen. Mit einem Pinsel das leicht erwärmte Apfelgelee auftragen und einziehen lassen.

Magdalenas
Magdalenas

Ein rundes Biskuitgebäck aus Hefeteig. Statt weicher Butter wird mancherorts auch Öl verwendet.

Zutaten: *(für 4 Portionen)*
100 g Mehl
100 g Zucker
2 Eier
100 g Butter, weich
1 TL Zitronenschale, abgerieben
1 TL Trockenhefe

Zubereitung: Den Ofen auf 180 °C vorheizen. Die Butter mit dem Zucker in eine Schüssel geben und mit dem Handmixer zu einer geschmeidigen Creme rühren. Dann die Zitronenschale und die Eier unter Rühren nach und nach hinzugeben. In einer Schüssel das Mehl und die Hefe mischen und anschließend unter den Teig rühren. Gefettete Magdalenas-Förmchen auf einem Backblech verteilen, zu 2/3 mit dem Teig füllen und im Ofen 20 Minuten backen. Anschließend aus dem Backofen nehmen und abkühlen lassen.

Epilog: Angekommen

Am Ende einer langen Wanderschaft saß ich auf der Terrasse einer Taverne vor einem Krug Rotwein. Die Nacht war schon hereingebrochen, und ich beobachtete das rege Treiben auf der Plaza Major.

Da sah ich einen Mann, der schwer an seinem Rucksack trug. Und mir fiel Herbert wieder ein. Der Wikinger, mit dem ich auf dem Friedhof übernachtet hatte. Er trug fast nichts mit sich herum und hatte schon die ganze Welt gesehen. Da fiel mir auf, dass, je mehr man hat, desto schwerer man auch daran trägt.

Ich habe immer viel mit mir herumgeschleppt. Vielleicht viel zu viel.

Ich nahm einen tiefen Schluck roten Weines und wippte ein wenig auf meinem Holzstuhl herum, legte den Kopf dabei in den Nacken. Es war eine sternenklare Nacht, und ich blickte in den unendlichen Weltenraum. Über mir glitzerte und funkelte es. Und mein Herz war mit allen Sternen am Firmament verbunden. Es war, als sprächen tausend Stimmen zu mir. Und die schönste davon habe ich in meinem Herzen verwahrt ...

Anhang

Pilgerkreuz „Cruz de Ferro" in den Bergen von León

Rezept-Register

Register der spanischen Rezeptnamen

KLASSISCHE & MODERNE REZEPTE AUS NORDSPANIEN

Über 260 Rezepte aus den Küchen der Regionen und Provinzen Galicien, Asturien, Kantabrien, La Rioja, dem Baskenland und aus Navarra.

Der Nordwesten Spaniens wird weit weniger bereist als die Küsten des Mittelmeeres mit dem milderen Klima und den weiten Sandstränden der touristisch gut erschlossenen Küstenstreifen. Die nordwestspanischen Provinzen galten lange als Geheimtipp und wurden – abgesehen von den seit Jahrhunderten andauernden Pilgerströmen auf den Jakobswegen – lange Zeit ausschließlich von Individualisten bereist.

Auch die Küchen der Provinzen Galicien, Asturien, Kantabrien, Baskenland, Navarra und La Rioja sind den meisten Reisenden weitgehend unbekannt. Trotz einiger Verwandtschaften zur spanischen Mittelmeerküche stellen die nordspanischen Provinzen – vor allem wegen ihrer historischen Entwicklung – eine Sonderrolle in der kulinarischen Welt der Iberischen Halbinsel dar. Weder die römischen noch die maurischen Eroberer konnten je, oder nur für sehr kurze Zeit, im Norden Fuß fassen und hinterließen somit auch nur wenige Spuren in der weitgehend ursprünglich gebliebenen kulturellen Welt der ehemaligen Fürstentümer und Königreiche.

Mit Fotographien von Patrick Henz, Holger Haug,
Frank Bohnsack und TURESPAÑA

KLASSISCHE & MODERNE REZEPTE AUS NORDSPANIEN
Autor: Christoph Kornmayer
348 Seiten . Hardcover . Format 21 x 14,8
zahlreiche Bilder und Illustrationen (sw)

ISBN 978-3-938173-09-1 . Preis: 14,95 Euro

VERLAG GEBRÜDER KORNMAYER
CHRISTOPH KORNMAYER
KLASSISCHE & MODERNE REZEPTE AUS NORDSPANIEN
ÜBER 260 REZEPTE AUS DEN KÜCHEN DER NORDSPANISCHEN PROVINZEN LA RIOJA, ASTURIEN, KANTABRIEN, NAVARRA, GALICIEN UND DEM BASKENLAND.
EINE KULINARISCHE ENTDECKUNGSREISE ENTLANG DES JAKOBSWEGES.
VIELE REZEPTE ERSTMALS IN DEUTSCHER SPRACHE